SKVĚLÁ KUCHAŘKA GALETTES

100 sladkých a slaných rustikálních receptů pro každou příležitost

Marek Kotas

Materiál chráněný autorským právem ©2024

Všechna práva vyhrazena

Žádná část této knihy nesmí být použita nebo přenášena v jakékoli formě nebo jakýmikoli prostředky bez řádného písemného souhlasu vydavatele a vlastníka autorských práv, s výjimkou krátkých citací použitých v recenzi . Tato kniha by neměla být považována za náhradu lékařských, právních nebo jiných odborných rad.

OBSAH

- **OBSAH** 3
- **ÚVOD** 6
- **GALETTE PEČIVO** 7
  - 1. ZÁKLADNÍ TĚSTOVINY GALETTE CRUST 8
  - 2. CELOZRNNÝ GALETTE PEČIVO KŮRA 10
  - 3. BEZLEPKOVÁ KŮRKA Z GALETTE TĚSTA 12
  - 4. PEČIVO Z KUKUŘIČNÉ MOUKY GALETTE 14
  - 5. OLIVOVÝ OLEJ GALETTE PEČIVO KŮRA 16
  - 6. TĚSTO Z ŽITNÉHO GALETTE 18
  - 7. POHANKOVÁ GALETTE PEČIVO KŮRA 20
- **OVOCNÉ GALETY** 22
  - 8. HONEY PEACH GALETTE 23
  - 9. BASIL BERRY GALETTE 25
  - 10. BANÁN A BISCOFF'S'MORES GALETTES 27
  - 11. ČERSTVÉ FÍKOVÉ GALETY 30
  - 12. KARAMELIZOVANÁ JABLEČNÁ GALETTE 33
  - 13. GINGER HRUŠKA GALETTE 36
  - 14. HRUŠKA A ROQUEFORT GALETTE 39
  - 15. ŠVESTKOVÁ GALETTE 41
  - 16. RUSTIKÁLNÍ JABLKOVĚ SUŠENÁ TŘEŠŇOVÁ GALETTE S CRÈME FRAÎCHE 44
  - 17. APPLE & CREAM CHEESE GALETTE S KARAMELEM A MANDLEMI 47
  - 18. MIX BERRY & EARL GREY GALETTE 49
  - 19. MALINOVÁ A CITRONOVÁ GALETTE 52
  - 20. GALETTE Z BORŮVKY A LEVANDULE 54
  - 21. GALETTE Z TŘEŠNÍ A MANDLÍ 56
  - 22. GALETTE Z OSTRUŽINY A MÁTY 58
- **VEGGIE GALETY** 60
  - 23. OŘEŠÁK DÝNĚ A JABLEČNÝ GALETTE 61
  - 24. ČERVENÁ PAPRIKA A PEČENÉ VEJCE GALETTES 63
  - 25. GALETTES Z CHŘESTU, PROSCIUTTA A KOZÍHO SÝRA 66
  - 26. GALETTE Z LILKU A RAJČAT 69
  - 27. GALETTE Z BRAMBOROVÉHO PÓRKU 72
  - 28. ŠVÝCARSKÝ MANGOLD GALETTE S FETOU A PINIOVÝMI OŘÍŠKY 74
  - 29. HOUBOVÁ A CELEROVÁ KOŘENOVÁ GALETTE S HOUBOVOU OMÁČKOU 76
  - 30. BRAMBOROVÝ A HOUBOVÝ GALETTE 80
  - 31. SLADKÁ BRAMBOROVÁ GALETTE 82
  - 32. GALETTE Z RAJČAT A KARAMELIZOVANÉ CIBULE 85
  - 33. KUKUŘIČNÁ GALETTE S CUKETOU A KOZÍM SÝREM 87
  - 34. SÝROVÝ SALÁM A RAJČE GALETTE 90
  - 35. GALETTE Z RAJČAT, PESTA A KOZÍHO SÝRA 92

36. Špenát a Ricotta Galette 94
37. Brokolice a Cheddar Galette 96
38. Galette z cukety a ricotty s bazalkovým pestem 98
39. Karamelizovaná cibulka a špenát Galette 100

OŘECHOVÉ GALETY 102

40. Malinové a oříškové galety s malinovým coulis 103
41. Mango ořechový Nutella koláč Galette 105
42. Nektarinka a švestková pistáciová galette 107
43. Malinový & lékořicový džem a lískooříškový galette 110
44. Mandle a pikantní sýr Galette 113
45. Broskev a ostružina Galette s mandlemi 116
46. Cranberry Walnut Galette 119
47. Čokoládový pecan Galette 121
48. Glazovaná broskvová galette s kešu krémem 123
49. Rebarbora růže & jahodové pistáciové galety 126
50. Galette z jablka a lískových oříšků 130

BYLINKOVÉ GALETTY 133

51. Zlatá rajčata a bazalka Galette 134
52. galette s vůní tymiánu 137
53. Cuketa , estragon a tymián Galette 140
54. Galette z rozmarýnu a jablka 143
55. Hruška šalvěj Galette 145
56. Hrášek, ricotta a koprová galette 148
57. Galette s chřestem a pažitkou 151
58. Galette z rajčat, sýra a oregana 154
59. Herby Carrot and Cream Cheese Galette 156
60. Blackberry Mint Galette 159
61. Citronový tymián a borůvkový galette 162
62. Galette z bazalky a cherry rajčat 164
63. Cilantro Lime Corn Galette 166
64. Galette z šalvěje a máslového squash 168
65. Mražený hrášek a Feta Galette 170
66. Citronová rozmarýnová bramborová galette 172
67. Karamelizovaná šalotka a tymiánová galette 174
68. Brie and Sage Galette s karamelizovanou cibulkou 176

PIRÁNĚNÉ GALETTY 178

69. Chai kořeněná jablečná galette 179
70. Five Spice Peach Galette 182
71. Tomato & Jalapeno Galette 185
72. Zimní ovoce a perník Galette 187
73. Kardamom-kořeněná meruňka a mandle Galette 191
74. Sladký brambor Chipotle a galette z černých fazolí 194

ČOKOLÁDOVÉ GALETTY 196

75. Nutella Čokoládový Galette 197
76. Čokoláda a malina Galette 199
77. Salted Caramel Chocolate Galette 201
78. Čokoláda a banán Galette 203
79. White Chocolate Raspberry Galette 205
80. Čokoláda Cherry Galette 207
81. Pohár na arašídové máslo S'mores Galette 209
82. Hořká čokoláda a pomeranč Galette 212
83. Kokosová čokoláda Galette 214

MASNÉ GALETTY 216
84. Klobása Galette 217
85. Galette s kuřecím masem a houbami 220
86. Galette z hovězího masa a karamelizované cibule 222
87. Galette se šunkou a sýrem 224
88. Krůtí a brusinkový galette 226
89. Jehněčí a Feta Galette 228
90. Trhané vepřové a Coleslaw Galette 230
91. Slanina, vejce a sýr Galette 232
92. Brambor, klobása a rozmarýn Galette 234
93. Pečená rajčata Galette na dva způsoby 237

VEGGIE GALETY 241
94. Ratatouille Galette 242
95. Kari zeleninová galette 244
96. Caprese Galette 246
97. Houba a Gruyere Galette 248
98. Špenát a Feta Galette 250
99. Galette z pečené zeleniny 252
100. Galette z cukety a rajčat 254

ZÁVĚR 257

ÚVOD

Vítejte v knize "SKVĚLÁ KUCHAŘKA GALETTES: 100 sladkých a slaných rustikálních receptů pro každou příležitost!" Galettes jsou ztělesněním rustikálního kouzla a kulinářského potěšení a nabízejí všestranné plátno pro sladké i slané výtvory. Galettes pocházející z Francie si svou jednoduchostí, elegancí a lahodností uchvátily srdce a chuťové pohárky potravinářských nadšenců po celém světě. V této kuchařce se vydáváme na gastronomickou cestu kurátorskou sbírkou 100 neodolatelných receptů galette, které pozvednou váš kuchařský repertoár a potěší vaše smysly.

Galettes se svou volnou povahou ztělesňují esenci domácí dobroty. Jsou skromné, ale sofistikované, takže jsou ideální pro neformální setkání, rodinné večeře nebo zvláštní příležitosti. Ať už jste ostřílený pekař nebo kuchař začátečník, na těchto stránkách najdete něco, co se vám bude líbit. Od klasických ovocných galet plných sezónních chutí až po slané kreace se směsí sýrů, zeleniny a bylinek, existuje galette pro každý mlsný jazýček a pro každou příležitost.

Každý recept v této kuchařce je promyšleně vytvořen tak, aby byla zajištěna snadná příprava bez kompromisů v chuti nebo prezentaci. Díky podrobným pokynům, užitečným tipům a úžasným fotografiím budete mít jistotu při vytváření těchto kulinářských mistrovských děl ve vaší kuchyni. Ať už toužíte po uklidňujícím dezertu nebo slaném požitku, na těchto stránkách najdete inspiraci a uspokojení.

Takže si vyhrňte rukávy, oprašte váleček a připravte se vyrazit na lahodné dobrodružství s galettes jako vaším průvodcem. Ať už pečete pro sebe, svou rodinu nebo setkání přátel, "SKVĚLÁ KUCHAŘKA GALETTES" slibuje, že potěší vaše chuťové buňky a zanechá ve vás chuť na víc. Oslavme radost z domácího pečení a nadčasovou přitažlivost rustikální kuchyně každým lahodným soustem.

GALETTE PEČIVO

1. Základní těstoviny Galette Crust

SLOŽENÍ:
- 1 1/4 šálku univerzální mouky
- 1/2 lžičky soli
- 1/2 šálku (1 tyčinka) studeného nesoleného másla, nakrájeného na malé kousky
- 1/4 šálku ledové vody

INSTRUKCE:
a) Ve velké míse prošlehejte mouku a sůl.
b) Kousky studeného másla přidejte do moučné směsi a pomocí vykrajovátka na pečivo nebo prsty zapracujte máslo do mouky, dokud směs nebude připomínat hrubou strouhanku.
c) Postupně přidávejte ledovou vodu po 1 lžíci a míchejte vidličkou, dokud se těsto nezačne spojovat.
d) Shromážděte těsto do koule, zploštěte na disk, zabalte do plastové fólie a před použitím dejte do lednice alespoň na 30 minut.

2.Celozrnný galette pečivo kůra

SLOŽENÍ:
- 1 hrnek celozrnné mouky
- 1/2 šálku univerzální mouky
- 1/2 lžičky soli
- 1/2 šálku (1 tyčinka) studeného nesoleného másla, nakrájeného na malé kousky
- 1/4 šálku ledové vody

INSTRUKCE:
a) Ve velké míse prošlehejte celozrnnou mouku, univerzální mouku a sůl.
b) Kousky studeného másla přidejte do moučné směsi a pomocí vykrajovátka na pečivo nebo prsty zapracujte máslo do mouky, dokud směs nebude připomínat hrubou strouhanku.
c) Postupně přidávejte ledovou vodu po 1 lžíci a míchejte vidličkou, dokud se těsto nezačne spojovat.
d) Shromážděte těsto do koule, zploštěte na disk, zabalte do plastové fólie a před použitím dejte do lednice alespoň na 30 minut.

3. Bezlepková kůrka z galette těsta

SLOŽENÍ:
- 1 hrnek bezlepkové univerzální mouky
- 1/4 šálku mandlové mouky
- 1/2 lžičky soli
- 1/2 šálku (1 tyčinka) studeného nesoleného másla, nakrájeného na malé kousky
- 1/4 šálku ledové vody

INSTRUKCE:
a) Ve velké míse prošlehejte bezlepkovou univerzální mouku, mandlovou mouku a sůl.
b) Kousky studeného másla přidejte do moučné směsi a pomocí vykrajovátka na pečivo nebo prsty zapracujte máslo do mouky, dokud směs nebude připomínat hrubou strouhanku.
c) Postupně přidávejte ledovou vodu po 1 lžíci a míchejte vidličkou, dokud se těsto nezačne spojovat.
d) Shromážděte těsto do koule, zploštěte na disk, zabalte do plastové fólie a před použitím dejte do lednice alespoň na 30 minut.

4.Pečivo z kukuřičné mouky Galette

SLOŽENÍ:
- 1 hrnek univerzální mouky
- 1/4 šálku kukuřičné mouky
- 1/2 lžičky soli
- 1/2 šálku (1 tyčinka) studeného nesoleného másla, nakrájeného na malé kousky
- 1/4 šálku ledové vody

INSTRUKCE:
a) Ve velké míse prošlehejte univerzální mouku, kukuřičnou mouku a sůl.
b) Kousky studeného másla přidejte do moučné směsi a pomocí vykrajovátka na pečivo nebo prsty zapracujte máslo do mouky, dokud směs nebude připomínat hrubou strouhanku.
c) Postupně přidávejte ledovou vodu po 1 lžíci a míchejte vidličkou, dokud se těsto nezačne spojovat.
d) Shromážděte těsto do koule, zploštěte na disk, zabalte do plastové fólie a před použitím dejte do lednice alespoň na 30 minut.

5. Olivový olej galette pečivo kůra

SLOŽENÍ:
- 1 1/4 šálku univerzální mouky
- 1/2 lžičky soli
- 1/4 šálku olivového oleje
- 1/4 šálku ledové vody

INSTRUKCE:
a) Ve velké míse prošlehejte mouku a sůl.
b) Moučnou směs pokapejte olivovým olejem a vidličkou zapracujte, dokud nebude směs připomínat hrubou strouhanku.
c) Postupně přidávejte ledovou vodu po 1 lžíci a míchejte vidličkou, dokud se těsto nezačne spojovat.
d) Shromážděte těsto do koule, zploštěte na disk, zabalte do plastové fólie a před použitím dejte do lednice alespoň na 30 minut.

6.Těsto z žitného galette

SLOŽENÍ:
- 1 hrnek žitné mouky
- 1/2 šálku univerzální mouky
- 1/2 lžičky soli
- 1/2 šálku (1 tyčinka) studeného nesoleného másla, nakrájeného na malé kousky
- 1/4 šálku ledové vody

INSTRUKCE:
a) Ve velké míse prošlehejte žitnou mouku, univerzální mouku a sůl.
b) Kousky studeného másla přidejte do moučné směsi a pomocí vykrajovátka na pečivo nebo prsty zapracujte máslo do mouky, dokud směs nebude připomínat hrubou strouhanku.
c) Postupně přidávejte ledovou vodu po 1 lžíci a míchejte vidličkou, dokud se těsto nezačne spojovat.
d) Shromážděte těsto do koule, zploštěte na disk, zabalte do plastové fólie a před použitím dejte do lednice alespoň na 30 minut.

7.Pohanková galette pečivo kůra

SLOŽENÍ:
- 1 hrnek pohankové mouky
- 1/2 šálku univerzální mouky
- 1/2 lžičky soli
- 1/2 šálku (1 tyčinka) studeného nesoleného másla, nakrájeného na malé kousky
- 1/4 šálku ledové vody

INSTRUKCE:
a) Ve velké míse prošlehejte pohankovou mouku, univerzální mouku a sůl.
b) Kousky studeného másla přidejte do moučné směsi a pomocí vykrajovátka na pečivo nebo prsty zapracujte máslo do mouky, dokud směs nebude připomínat hrubou strouhanku.
c) Postupně přidávejte ledovou vodu po 1 lžíci a míchejte vidličkou, dokud se těsto nezačne spojovat.
d) Shromážděte těsto do koule, zploštěte na disk, zabalte do plastové fólie a před použitím dejte do lednice alespoň na 30 minut.

OVOCNÉ GALETY

8. Honey Peach Galette

SLOŽENÍ:
- 4-5 zralých broskví, nakrájených na plátky
- 2 lžíce medu
- 1 lžíce kukuřičného škrobu
- 1 lžička vanilkového extraktu
- ¼ lžičky mleté skořice
- 1 chlazená koláčová kůra (nebo domácí)

INSTRUKCE:
a) Předehřejte troubu na 375 °F (190 °C).
b) V misce smíchejte nakrájené broskve, med, kukuřičný škrob, vanilkový extrakt a mletou skořici. Míchejte, dokud nebudou broskve rovnoměrně obalené.
c) Vyválejte koláčovou kůru a položte ji na plech.
d) Plátky broskve rozmístěte do středu kůrky a kolem okrajů nechte okraj.
e) Okraje kůry přehněte přes broskve a vytvořte rustikální tvar galette.
f) Pečte 30–35 minut, nebo dokud není kůrka zlatavě hnědá a broskve měkké.
g) nechte galetku mírně vychladnout. Případně před podáváním pokapejte dalším medem.

9. Basil Berry Galette

SLOŽENÍ:
- 1 předem připravená koláčová kůra
- 2 šálky rozmixovaného ovoce (jahody, borůvky, maliny)
- ¼ šálku krystalového cukru
- 1 lžíce čerstvé bazalky, nasekané
- 1 lžíce kukuřičného škrobu
- 1 lžíce citronové šťávy
- 1 vejce (rozšlehané, na mytí vajec)
- 1 lžíce cukru turbinado (na posypání)

INSTRUKCE:
a) Předehřejte troubu na 375 °F (190 °C) a vyložte plech pečicím papírem.

b) V misce smíchejte smíchané bobule, krystalový cukr, nasekanou bazalku, kukuřičný škrob a citronovou šťávu.

c) Koláčovou kůru vyválejte na připravený plech.

d) Lžící naneste směs bobulí na střed kůrky a ponechejte okraj kolem okrajů.

e) Okraje kůry přehněte přes bobule a vytvořte rustikální tvar galette.

f) Okraje korpusu potřeme rozšlehaným vejcem a posypeme turbinado cukrem.

g) Pečte 25–30 minut, nebo dokud kůrka nezezlátne a bobule nebudou bublinkové.

10. Banán a Biscoff's'Mores Galettes

SLOŽENÍ:
NA TĚSTO GALETTE:
- 1 ¼ šálku univerzální mouky
- 1 lžička krystalového cukru
- ¼ lžičky soli
- ½ šálku nesoleného másla, studeného a nakrájeného na malé kostičky
- 3-4 lžíce ledové vody

K NÁPLNĚ:
- 2 zralé banány, nakrájené na plátky
- ½ šálku pomazánky Biscoff (nebo pomazánky Speculoos)
- ½ šálku mini marshmallows
- 1 lžíce krupicového cukru, na posypání

K PODÁVÁNÍ:
- Šlehačka nebo vanilková zmrzlina (volitelně)

INSTRUKCE:

a) V míse prošlehejte mouku, cukr a sůl na těsto na galette . Přidejte studené nakrájené máslo a pomocí konečků prstů nebo vykrajovátka nakrájejte máslo do moučné směsi, dokud nebude připomínat hrubou strouhanku.

b) Postupně přidávejte ledovou vodu po 1 lžíci a míchejte, dokud se těsto nespojí. Z těsta vytvarujte kotouč, zabalte jej do plastové fólie a dejte do lednice alespoň na 30 minut.

c) Předehřejte troubu na 375 °F (190 °C). Plech vyložte pečícím papírem.

d) Na lehce pomoučeném povrchu rozválejte vychlazené galetkové těsto na hrubý kruh o tloušťce asi ⅛ palce. Vyválené těsto přeneseme na připravený plech.

e) Pomazánku Biscoff rozetřete na střed galetkového těsta a po okrajích nechte okraj. Nakrájené banány naaranžujte na pomazánku Biscoff .

f) Na banány rovnoměrně posypte mini marshmallows. Okraje galetkového těsta přehněte dovnitř a jemně překryjte náplň.

g) Přehnuté okraje galetkového těsta posypeme krystalovým cukrem.

h) Pečeme v předehřáté troubě asi 20-25 minut, nebo dokud galetka nezezlátne a náplň nebude bublinková.

i) Galette vyjměte z trouby a před podáváním nechte několik minut vychladnout.

j) Podávejte teplou galette tak, jak je, nebo s kopečkem šlehačky nebo kopečkem vanilkové zmrzliny pro extra požitek.

11. Čerstvé fíkové galety

SLOŽENÍ:
NA TĚSTO:
- ¾ lžičky soli
- ½ šálku (1 tyčinka) nesoleného másla, chlazeného, nakrájeného na malé kousky
- 7 lžic tuhého zeleninového tuku, chlazeného, na malé kousky
- Asi ¼ šálku ledové vody

K NÁPLNĚ:
- 1 ½ libry čerstvých fíků
- 6 lžic cukru
- Mytí vajec (1 žloutek rozšlehaný se 2 lžičkami husté smetany)
- Cukr na ráfky galette

INSTRUKCE:
PŘÍPRAVA TĚSTA:
a) V kuchyňském robotu smíchejte mouku a sůl. Třikrát nebo čtyřikrát promíchejte , aby se směs promíchala.
b) Přidejte kousky másla a několikrát promíchejte, dokud se tuk rovnoměrně nerozloží a obalí v mouce.
c) Přidáme kousky tuku a několikrát promícháme, až se tuk obalí moukou. Stále by měly zůstat kousky tuku obaleného moukou o velikosti velkého hrášku.
d) Přeneste směs do velké mísy. Za promíchávání vidličkou podlévejte ledovou vodou, dokud se nezačne spojovat do hrudek, poté těsto seberte rukama.
e) S těstem manipulujte co nejméně, pak ho zabalte do plastové fólie a dejte do lednice do vychladnutí, alespoň na 2 hodiny.

MONTÁŽ GALETTE:
f) Předehřejte troubu na 425 stupňů.
g) Náplň uděláte tak, že fíky rozčtvrtíte koncem stonku, nebo pokud jsou velké, nakrájejte je na šestiny. Dejte stranou do misky.
h) Těsně předtím, než budete připraveni sestavit galettes , posypte fíky 6 lžícemi cukru a jemně je promíchejte.
i) Těsto rozdělte na 6 stejných dílů. Těsto vyválejte na lehce pomoučené desce do kruhu o tloušťce asi ⅛ palce.

j) Použijte obrácenou desku nebo kartonovou šablonu k obkreslení úhledného 7palcového kruhu. Přeneste kruh na těžký plech.
k) Šestinu fíků atraktivně rozmístěte doprostřed, po celém obvodu ponechte 1½palcový okraj.
l) Přeložte okraj, abyste vytvořili okraj, ujistěte se, že v těstě nejsou žádné praskliny nebo ovocné šťávy během pečení vytečou ven. V případě potřeby zalepte kousky odkrojeného těsta lehce navlhčenými ve studené vodě.
m) Hranu potřete trochou vajíček a poté borduru bohatě posypte cukrem.
n) Opakujte se zbývajícím těstem a vytvořte 6 galettes . Na plech se vám jich pravděpodobně vejde najednou jen polovina.
o) Sestavit a upéct 3 galettes najednou, než péct 2 plechy najednou.
p) Pečte, dokud kůrka nezzlátne a ovoce bublavé, 22 až 25 minut.
q) Přendejte na mřížku a před podáváním mírně vychladněte.

12. Karamelizovaná jablečná galette

SLOŽENÍ:
- 1 recept na rychlé listové těsto
- 1 Northern Spy nebo jiné pevné jablko
- ¼ šálku cukru
- 2 lžíce nesoleného másla
- 1 lžíce Calvados (francouzská jablečná brandy)

INSTRUKCE:

a) Na lehce pomoučené pracovní ploše vyválejte osminu těsta z rychlého listového těsta na tloušťku asi ⅛ palce.
b) Pomocí ostrého nože nakrájejte těsto na kruh o průměru asi 7,5 palce. Přendejte na plech vyložený pečicím papírem a dejte do lednice asi na 15 minut vychladit.
c) Předehřejte troubu na 425 °F. Vychlazené těsto vložte do těžké litinové pánve o průměru 6½ palce na dně.
d) Jablko oloupejte, zbavte jádřince a podélně rozkrojte napůl.
e) Pomocí mandolíny nebo velmi ostrého nože nakrájejte půlky jablek po šířce na pětadvacetipalcové plátky.
f) Plátky jablek naaranžujte do úhledného vějířového vzoru, překryjte je a udržujte je ½ palce od okraje těsta. Při vytváření vějířovitého kruhu vyplňte střed menšími nebo nalámanými plátky jablek.
g) Jablka posypeme dvěma lžícemi cukru a pokapeme 1 lžící másla nakrájeného na velmi malé kousky.
h) Pánev vložte do trouby a pečte, dokud se pečivo podél okrajů formy nenafoukne a nezezlátne, asi 30 minut.
i) Vyjměte pánev z trouby. Pomocí špachtle vyjměte koláč z pánve a přeneste jej na talíř. Dát stranou.
j) Přidejte zbývající lžíci másla na pánev a dejte ji na střední teplotu. Přidejte zbývající 2 lžíce cukru a vařte, dokud se cukr nerozpustí a vytvoří světlý karamel, asi 5 minut.
k) Calvados odměřte do sklenice a poté nalijte do karamelu. Vařte alkohol, asi 2 až 3 minuty.
l) Koláč vraťte na pánev jablečnou stranou dolů a vařte 4 až 5 minut, dokud karamel nad koláčem nezabublá a nezačne být trochu hustý.
m) Sundejte pánev z plotny a opatrně převraťte koláč na talíř dostatečně velký, aby zachytil horký karamel, jak odkapává z pánve.

13. Ginger Hruška Galette

SLOŽENÍ:
NA PYŠKOVANÉ HRUŠKY:
- 6 velkých hrušek
- 6 šálků Pinot Noir
- 1 hrnek cukru
- 1 tyčinka skořice
- 1 lžíce nahrubo nasekaného zázvoru
- Kůra z 1 pomeranče

NA TĚSTO:
- 2⅓ šálků mouky
- ½ šálku zkrácení
- ½ šálku nesoleného másla
- 1 lžička soli
- 2 lžičky mletého kandovaného zázvoru
- 6 až 8 lžic studené vody

K SESTAVENÍ:
- 4 lžíce rozpuštěného nesoleného másla
- ½ šálku cukru
- 1 litr kvalitní vanilkové zmrzliny

INSTRUKCE:
NA PYŠKOVANÉ HRUŠKY:
a) Hrušky oloupeme a nakrájíme na poloviny; dát stranou.
b) Ve velkém hrnci zahřejte víno, cukr, skořici, zázvor a pomerančovou kůru a přiveďte k varu.
c) Přidejte hrušky a vařte na středně vysokém ohni, dokud nezměknou. Máte-li čas, nechte hrušky vychladnout v tekutině; pokud ne, nechte hrušky vychladnout, aby se s nimi dalo manipulovat, pak je nakrájejte na plátky silné asi ¼ palce a dejte stranou.

NA TĚSTO:
d) Do středně velké mísy dejte mouku, tuk, máslo, sůl a zázvor.
e) Konečky prstů vmíchejte máslo a ztuhněte, dokud směs nebude připomínat hrubou mouku.
f) Přidejte tolik vody, aby se těsto zvlhčilo a míchejte vidličkou, dokud se těsto nespojí.

g) Těsto necháme 20 až 30 minut odpočívat.
h) Těsto rozválejte na dobře pomoučené desce na tloušťku asi ¼ palce. Nakrájejte 6 koleček o průměru 4 až 5 palců a položte je na vymaštěný plech.
i) Každé z koleček potřeme rozpuštěným máslem a poté posypeme cukrem.
j) Plátky pošírované hrušky naaranžujte do kruhu na každý kruh. Každý opět potřeme máslem a posypeme cukrem.
k) Vložte do trouby vyhřáté na 375 stupňů a pečte, dokud není kůrka zlatavě hnědá, asi 30 až 40 minut.
l) Vyjměte z trouby a nechte asi 10 minut vychladnout. Vyjměte z pánve a položte na dezertní talíře.
m) Každou galetku ozdobte kopečkem vanilkové zmrzliny a podávejte teplé.

14. Hruška a Roquefort Galette

SLOŽENÍ:
- 1 (145g) balení základní směsi na pizzu
- 1 červená cibule, nakrájená na tenké plátky
- 1 velká zralá hruška, zbavená jádřinců a nakrájená na tenké plátky
- 100 gramů sýra Roquefort, rozdrobeného
- Černý pepř, podle chuti

INSTRUKCE:
a) Předehřejte troubu na 220 °C/425 °F/plyn 7.
b) Připravte základ pizzy podle pokynů na obalu. Rozdělte ho na 2 části a každou vyválejte do kruhu.
c) Každé kolečko položte na tenké plátky nakrájenou hruškou a červenou cibulí.
d) Na hrušce a cibuli na každém kolečku rozdrobte sýr Roquefort.
e) Pečte v předehřáté troubě asi 15 minut nebo do zlatohnědé a bublající.
f) Rozdrťte černý pepř a ihned podávejte s křupavým zeleným salátem.

15. Švestková Galette

SLOŽENÍ:
PRO KŮRU:
- 1 ¼ šálku (160 g) univerzální mouky
- 1 lžička cukru
- ½ lžičky soli
- ¼ tyčinky (137 g) nesoleného másla, nakrájené na kostičky
- ¼ šálku (57 ml) zakysané smetany
- 1 vejce, rozšlehané, na umytí vajec (volitelné)
- 1 lžička smetany na mytí vajec (volitelné)
- Hrubý cukr na posypání (volitelně)

PLNICÍ:
- 6 až 8 koláčových švestek a/nebo pluotů, vypeckovaných a nakrájených na plátky (asi 570 g)
- ⅓ šálku (70 g) cukru
- ⅛ lžičky skořice
- 1 lžička citronové šťávy
- 1 lžička pomerančové kůry (nebo citronové kůry)
- 1 lžička rychlé tapioky nebo 1 lžíce mouky (pro zahuštění)

INSTRUKCE:
UDĚLEJTE TĚSTO NA GALETTE:
a) Ve velké míse prošlehejte mouku, cukr a sůl.
b) Do těsta přidejte nakrájené máslo a rukama nebo cukrářským mixérem zapracujte máslo do těsta, dokud nebude směs připomínat drobky, s kousky másla ne většími než hrášek.
c) Přidejte zakysanou smetanu a promíchejte vidličkou. Z těsta vytvarujte kouli, vyrovnejte na kotouč, zabalte do plastové fólie a před vyválením nechte alespoň hodinu chladit.

PLNICÍ:
d) Ve středně velké míse jemně promíchejte plátky švestek s cukrem, skořicí, citronovou šťávou, kůrou a instantní tapiokou (nebo moukou).
e) Plech vyložte pečicím papírem nebo silikonovou podložkou, případně plech lehce namažte máslem.
f) Čistý povrch lehce pomoučněte a vyválejte těsto na koláč o stejné tloušťce 13 palců.

g) Do středu vymazaného nebo máslem vymazaného plechu dejte vyválené koláčové těsto.
h) Plátky švestek uspořádejte do kruhového vzoru, počínaje 1 ½ až 2 palci od vnějšího okraje těsta a postupujte do středu.
i) Okraje koláčové kůry přehněte nahoru a přes okraj tak, aby byl viditelný kruh náplně.
j) Pokud chcete pro kůrku atraktivní povrch, rozšlehejte vejce a smetanu v malé misce.
k) Odkrytou kůrku potřete štětcem na pečivo.
l) Posypeme trochou hrubého cukru.

UPÉCT:
m) Umístěte na střední mřížku trouby. Pečte při 375 °F (190 °C) po dobu 40–50 minut, dokud kůrka lehce nezhnědne a náplň nebude bublinková.
n) Před podáváním vychlaďte hodinu na mřížce.

16. Rustikální jablkově sušená třešňová galette s Crème Fraîche

SLOŽENÍ:
KŮRA:
- 1½ šálku univerzální mouky
- ½ lžičky soli
- ½ šálku nesoleného másla (1 tyčinka), nakrájené na ½-palcové kousky, chlazené
- 4 lžíce ledové vody (asi)

PLNICÍ:
- 1 lžíce nesoleného másla
- 1½ libry dortových zelených jablek, oloupaných, zbavených jader, nakrájených na 8 klínků
- 4 lžíce cukru
- ¼ šálku sušených třešní (asi 2 unce)
- 2¾ lžičky mleté skořice

KARAMELOVÁ OMÁČKA:
- 1 šálek crème fraîche nebo zakysané smetany
- 1½ šálku cukru
- ½ šálku vody
- 3 lžíce nesoleného másla
- 1 hrnek smetany ke šlehání

INSTRUKCE:
PRO KŮRU:
a) V kuchyňském robotu smícháme mouku a sůl. Přidejte vychlazené máslo a zpracujte, dokud směs nebude připomínat hrubou mouku.
b) Přidejte 3 lžíce ledové vody a zpracujte, dokud se nevytvoří vlhké hrudky, pokud je těsto suché, přidejte po lžičkách další vodu.
c) Z těsta vytvarujte kouli, vyrovnejte ji na kotouč, zabalte do igelitu a nechte 30 minut chladit.

K NÁPLNĚ:
d) Rozpusťte máslo ve velké nepřilnavé pánvi na středním ohni.
e) Přidejte jablka na pánev a posypte je 3 lžícemi cukru.
f) Restujte, dokud jablka nezezlátnou a nezačnou měknout, asi 8 minut.
g) Přidejte sušené třešně a skořici, míchejte 30 sekund, poté stáhněte z plotny a nechte úplně vychladnout.

PRO GALETTE:
h) Předehřejte troubu na 350 °F.
i) Těsto rozválejte na pomoučeném povrchu na 12palcový kruh.
j) Přeneste těsto na plech na pečení bez okraje, jako pomůcku použijte dno dortové formy o průměru 9 palců.
k) Umístěte jablečnou směs na těsto a ponechte 3-palcový okraj. Okraj těsta přehneme přes jablečnou směs a zatlačíme, aby se utěsnily případné praskliny v těstě.
l) Jablečnou směs a okraj těsta posypeme zbývající 1 lžící cukru.
m) Galette pečte 15 minut. Zvyšte teplotu trouby na 375 °F a pokračujte v pečení, dokud kůrka kolem okrajů nezezlátne a jablka nezměknou, asi o 35 minut déle.
n) Pomocí dna dortové formy jako pomůcky přeneste galetku na mřížku a nechte 15 minut vychladnout.
o) Podávejte teplé s crème fraîche a karamelovou omáčkou.

NA KARAMELOVOU OMÁČKU:
p) Míchejte cukr a ½ šálku vody v těžkém velkém hrnci na středně nízké teplotě, dokud se cukr nerozpustí.
q) Zvyšte teplotu a vařte bez míchání, dokud sirup nezíská tmavě jantarovou barvu, občas potřete stěny pánve štětcem namočeným ve vodě a krouživým pohybem pánve asi 12 minut.
r) Sundejte z ohně, zašlehejte máslo a postupně přilévejte smetanu (směs bude silně bublat).
s) Míchejte na mírném ohni do hladka a před podáváním vychlaďte až vlažné.
t) Karamelovou omáčku lze připravit 2 dny předem. Přikryjte a ochlaďte.
u) Znovu zahřejte na mírném ohni za občasného míchání.

17. Apple & Cream Cheese Galette s karamelem a mandlemi

SLOŽENÍ:
- 2 jablka
- 1 balíček filo těsta
- 1 balíček smetanového sýra
- 1 balíček loupaných mandlí
- ½ balíčku Karamelová omáčka
- 1 lžíce hnědého cukru
- ¼ lžičky skořice
- 40 g másla

INSTRUKCE:
a) Předehřejte troubu na 220°C/200°C horkovzdušnou.
b) Jablka nakrájíme na tenké plátky.
c) Ve střední misce smíchejte jablko, hnědý cukr a skořici. Přehodit do kabátu.
d) V malé žáruvzdorné misce rozpusťte máslo v 10sekundových dávkách v mikrovlnné troubě.
e) Každý plát filo těsta potřeme rozpuštěným máslem.
f) Plátky filo položte naplocho na vyložený plech a vrstvěte jeden na druhý.
g) Rozetřete na smetanový sýr a poklaďte plátky jablek, kolem okrajů nechte 4 cm okraj.
h) Okraje těsta opatrně přehněte přes jablko, střed nechte odkrytý.
i) Okraje těsta potřeme zbylým máslem.
j) Galette pečte na nejnižším roštu trouby, dokud těsto nezezlátne, 20–25 minut.
k) V posledních 5 minutách pečení posypeme mandlovými lupínky.
l) Galette pokapeme karamelovou omáčkou dle libosti.
m) Galette nakrájejte na plátky .
n) Přeneste na servírovací talíř.

18. Mix Berry & Earl Grey Galette

SLOŽENÍ:
PRO KŮRU:
- 1 šálek směsi ořechové mouky Pamela
- ½ šálku víceúčelové mouky na pečení Pamela
- ½ šálku tapiokové mouky
- 1 lžíce krupicového cukru plus další na posypání těsta
- ½ lžičky košer soli
- 8 lžic velmi studeného másla, nakrájeného na kostky
- 1 velké vejce

PRO NÁPLŇ SMÍŠENÉ BERRY & EARL GRY:
- ¾ šálku ricotty z plnotučného mléka
- 1 lžička pomerančové kůry
- ⅛ čajové lžičky čaje Earl Grey (otevřete sáček čaje a vyjměte čaj)
- 1 ½ šálku nakrájených jahod
- ⅓ šálku cukru
- 1 vanilkový lusk rozpůlený, vyškrábaná semínka nebo 1 polévková lžíce pasty z vanilkového lusku
- 1 vrchovatý hrnek malin

PRO MONTÁŽ:
- 1 vejce
- 1 lžíce vody

SLOUŽIT:
- Moučkový cukr, volitelné
- Vanilková zmrzlina, volitelně

INSTRUKCE:
K VYTVOŘENÍ KŮRY:
a) Smíchejte prvních 6 ingrediencí v kuchyňském robotu s čepelí „S". Promíchejte, dokud se máslo nezapracuje a směs nebude zrnitá. Přidejte vejce do kuchyňského robotu a pulzujte, dokud se zcela nezapracuje. Otestujte vlhkost těsta tak, že kousek naberete a přitlačíte k sobě. Pokud je příliš suché, přidejte lžíci vody a znovu pulsujte.

b) Těsto položte na plastovou fólii a vytvarujte z něj kulatý kotouč. Pevně zabalte a dejte do chladničky na 1 hodinu nebo až přes noc.

PRO VYTVOŘENÍ NÁPLNĚ:
c) Pokud je těsto přes noc v lednici, nechte ho na lince trochu prohřát. V malé misce smíchejte ricottu, pomerančovou kůru a čaj.
d) V jiné misce smíchejte nakrájené jahody, cukr a vanilkové lusky; dobře promíchejte.

SESTAVTE GALETTE:
e) Předehřejte troubu na 400 °F a vyložte plech pečicím papírem.
f) Těsto rozválejte mezi pečícími papíry na tenký kruh. Na těsto rozetřete ricottovou směs a nechte okraj. Navrch dejte pocukrované jahody a maliny.
g) Okraje těsta jemně přehněte přes náplň a vytvořte kůrku. Okraje potřeme rozšlehaným vejcem a posypeme cukrem.
h) Galette dejte na 10-15 minut do mrazáku. Pečte při 400 °F po dobu 10 minut, poté snižte na 350 °F a pečte dalších 25 minut dozlatova.
i) nechte galetku 15–20 minut vychladnout.
j) Podávejte teplé nebo při pokojové teplotě, případně poprášené moučkovým cukrem a doplněné kopečkem zmrzliny. Užívat si!

19. Malinová a citronová galette

SLOŽENÍ:
- 1 list listového těsta z obchodu, rozmražené
- 1 šálek čerstvých malin
- Kůra z 1 citronu
- 2 lžíce citronové šťávy
- 1/4 šálku krystalového cukru
- 1 lžíce kukuřičného škrobu
- 1 vejce, rozšlehané (na mytí vajec)
- Moučkový cukr, na posypání (volitelně)

INSTRUKCE:
a) Předehřejte troubu na 375 °F (190 °C) a vyložte plech pečicím papírem.
b) V misce smíchejte čerstvé maliny, citronovou kůru, citronovou šťávu, krystalový cukr a kukuřičný škrob. Jemně promíchejte, dokud se maliny rovnoměrně obalí.
c) Rozmražený plát listového těsta rozválejte na lehce pomoučené ploše na hrubý kruh o průměru asi 12 palců.
d) Vyválené listové těsto přendáme na připravený plech.
e) Lžící naneste malinovou směs na střed listového těsta a ponechejte asi 2-palcový okraj kolem okrajů.
f) Okraje listového těsta přehneme přes maliny, podle potřeby nařasíme, aby vznikl rustikální tvar galette.
g) Okraje těsta potřeme rozšlehaným vejcem, aby mělo při pečení zlatavou barvu.
h) Pečte v předehřáté troubě 25–30 minut, nebo dokud těsto není zlatavě hnědé a maliny bublající.
i) Vyjměte z trouby a před podáváním nechte galetku mírně vychladnout.
j) Před podáváním případně poprášíme moučkovým cukrem.
k) Nakrájejte a vychutnejte si lahodnou malinovou a citronovou galette!

20. Galette z borůvky a levandule

SLOŽENÍ:
- 1 list listového těsta z obchodu, rozmražené
- 2 šálky čerstvých borůvek
- 1 polévková lžíce kulinářských levandulových pupenů
- Kůra z 1 citronu
- 2 lžíce citronové šťávy
- 1/4 šálku krystalového cukru
- 1 lžíce kukuřičného škrobu
- 1 vejce, rozšlehané (na mytí vajec)
- Moučkový cukr, na posypání (volitelně)

INSTRUKCE:
a) Předehřejte troubu na 375 °F (190 °C) a vyložte plech pečicím papírem.
b) V misce smíchejte čerstvé borůvky, poupata kulinářské levandule, citronovou kůru, citronovou šťávu, krystalový cukr a kukuřičný škrob. Jemně promíchejte, dokud nebudou borůvky rovnoměrně obalené.
c) Rozmražený plát listového těsta rozválejte na lehce pomoučené ploše na hrubý kruh o průměru asi 12 palců.
d) Vyválené listové těsto přendáme na připravený plech.
e) Lžící naneste borůvkovou směs na střed listového těsta a ponechejte asi 2-palcový okraj kolem okrajů.
f) Okraje listového těsta přehneme přes borůvky, podle potřeby nařasíme, aby vznikl rustikální tvar galette.
g) Okraje těsta potřeme rozšlehaným vejcem, aby mělo při pečení zlatavou barvu.
h) Pečte v předehřáté troubě 25–30 minut, nebo dokud těsto nezezlátne a borůvky nebudou bublat.
i) Vyjměte z trouby a před podáváním nechte galetku mírně vychladnout.
j) Před podáváním případně popráším moučkovým cukrem.

21. Galette z třešní a mandlí

SLOŽENÍ:
- 1 list listového těsta z obchodu, rozmražené
- 2 šálky čerstvých třešní, vypeckovaných a rozpůlených
- 1/4 šálku krystalového cukru
- 1 lžíce kukuřičného škrobu
- 1/2 lžičky mandlového extraktu
- 1/4 šálku mandlové mouky
- 1 vejce, rozšlehané (na mytí vajec)
- Plátky mandlí, na ozdobu (volitelné)
- Moučkový cukr, na posypání (volitelně)

INSTRUKCE:
a) Předehřejte troubu na 375 °F (190 °C) a vyložte plech pečicím papírem.
b) V misce smíchejte čerstvé třešně, krupicový cukr, kukuřičný škrob a mandlový extrakt. Jemně promíchejte, dokud nebudou třešně rovnoměrně obalené.
c) Rozmražený plát listového těsta rozválejte na lehce pomoučené ploše na hrubý kruh o průměru asi 12 palců.
d) Vyválené listové těsto přendáme na připravený plech.
e) Posypte mandlovou moukou rovnoměrně střed listového těsta a ponechte asi 2-palcový okraj kolem okrajů.
f) Na vrstvu mandlové mouky naaranžujte třešňovou směs.
g) Okraje listového těsta přehneme přes třešně a podle potřeby nařasíme, aby vznikl rustikální tvar galette.
h) Okraje těsta potřeme rozšlehaným vejcem, aby mělo při pečení zlatavou barvu. Pokud chcete, posypte odkryté třešně plátky mandlí.
i) Pečte v předehřáté troubě 25–30 minut, nebo dokud těsto nezezlátne a třešně bublají.
j) Vyjměte z trouby a před podáváním nechte galetku mírně vychladnout.
k) Před podáváním případně poprášíme moučkovým cukrem.
l) Nakrájejte a vychutnejte si lahodnou třešňovou a mandlovou galette!

22. Galette z ostružiny a máty

SLOŽENÍ:
- 1 list listového těsta z obchodu, rozmražené
- 2 šálky čerstvých ostružin
- 1/4 šálku krystalového cukru
- 1 lžíce kukuřičného škrobu
- Kůra z 1 citronu
- 2 lžíce nasekaných lístků čerstvé máty
- 1 lžíce citronové šťávy
- 1 vejce, rozšlehané (na mytí vajec)
- Moučkový cukr, na posypání (volitelně)

INSTRUKCE:
a) Předehřejte troubu na 375 °F (190 °C) a vyložte plech pečicím papírem.
b) V misce smíchejte čerstvé ostružiny, krystalový cukr, kukuřičný škrob, citronovou kůru, nasekané lístky čerstvé máty a citronovou šťávu. Jemně promíchejte, dokud nebudou ostružiny rovnoměrně obalené.
c) Rozmražený plát listového těsta rozválejte na lehce pomoučené ploše na hrubý kruh o průměru asi 12 palců.
d) Vyválené listové těsto přendáme na připravený plech.
e) Lžící naneste ostružinovou směs na střed listového těsta a ponechejte asi 2-palcový okraj kolem okrajů.
f) Okraje listového těsta přehneme přes ostružiny, podle potřeby nařasíme, aby vznikl rustikální tvar galette.
g) Okraje těsta potřeme rozšlehaným vejcem, aby mělo při pečení zlatavou barvu.
h) Pečeme v předehřáté troubě 25–30 minut, nebo dokud těsto nezezlátne a ostružiny bublají.
i) Vyjměte z trouby a před podáváním nechte galetku mírně vychladnout.
j) Před podáváním případně popráším moučkovým cukrem.

VEGGIE GALETY

23. Ořešák dýně a jablečný galette

SLOŽENÍ:
- 1 ½ hrnku špaldové mouky
- 6-8 listů šalvěje
- ¼ šálku studené vody
- 6 lžic kokosového oleje
- Mořská sůl

NA NÁPLŇ:
- 1 lžíce olivového oleje
- ¼ červené cibule, nakrájené na tenké plátky
- 1 lžíce šalvějových listů
- ½ červeného jablka, velmi jemně nakrájené
- ¼ máslové dýně, zbavené slupky a nakrájené na velmi jemné plátky
- 1 lžíce kokosového oleje, rozdělená a rezervovaná na polevu
- 2 lžíce šalvěje, vyhrazené na zálivku
- Mořská sůl

INSTRUKCE:

a) Předehřejte troubu na 350 ° F.

b) Vytvořte kůru přidáním mouky, mořské soli a šalvějových listů do mlýnku. Postupně přidávejte kokosový olej a vodu a pravidelně pulzujte, jak se jemně vmísí do mouky. Pulsujte pouze tolik, dokud se komponenty neintegrují, přibližně 30 sekund.

c) Mezitím si připravte náplň. V malé pánvi na středně vysoké teplotě rozehřejte olivový olej. Přidejte cibuli, špetku soli a jednu lžičku šalvějových lístků a restujte asi 5 minut. Toto dejte stranou, když těsto vyválejte do kruhu o tloušťce asi ¼ palce.

d) Smíchejte dýni a jablka v malé misce s kapkou olivového oleje a mořské soli. Přidejte máslovou dýni a plátky jablek na cibuli (jednoduše, jak vidíte na obrázku).

e) Jemně přehněte okraje kůrky na vnějších stranách tykve. Na galette vložte malé kousky kokosového oleje spolu s lístky šalvěje a pečte v troubě 20–25 minut, nebo dokud se kůrka nezloupá a dýně není propečená.

24. Červená paprika a pečené vejce Galettes

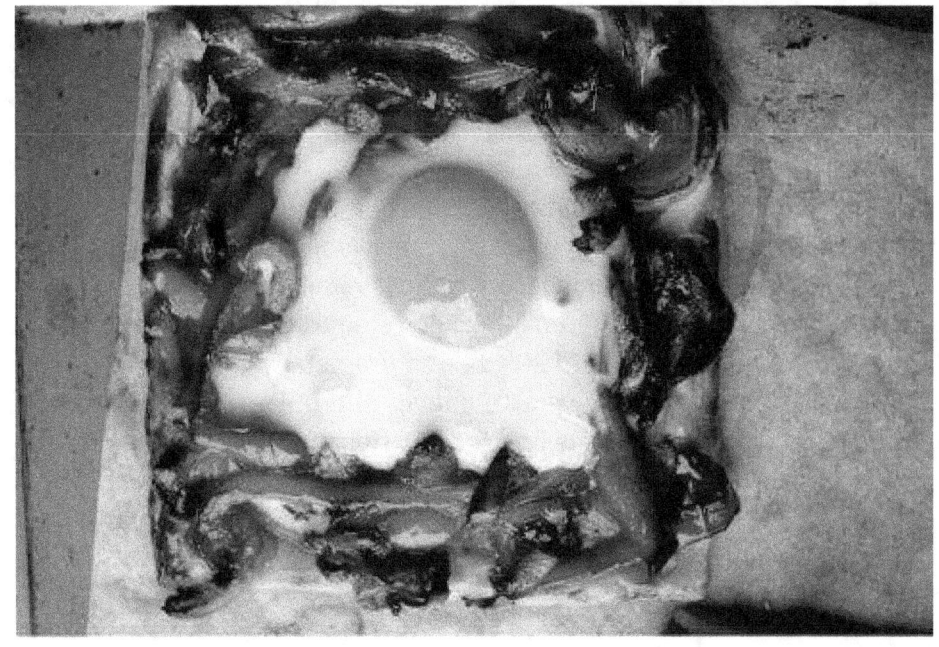

SLOŽENÍ:
- 4 střední červené papriky, rozpůlené, zbavené semínek a nakrájené na proužky ⅜ palce / 1 cm široké
- 3 malé cibule, rozpůlené a nakrájené na klínky ¾ palce / 2 cm široké
- 4 snítky tymiánu, lístky otrhané a nakrájené
- 1½ lžičky mletého koriandru
- 1½ lžičky mletého kmínu
- 6 lžic olivového oleje, plus navíc na závěr
- 1½ lžíce listové petrželové natě, hrubě nasekané
- 1½ lžíce listů koriandru, hrubě nasekaných
- 9 uncí / 250 g nejkvalitnějšího celomáslového listového těsta
- 2 polévkové lžíce / 30 g zakysané smetany
- 4 velká vejce z volného chovu (nebo 5½ unce / 160 g sýra feta, rozdrobený), plus 1 vejce, lehce rozšlehané
- sůl a čerstvě mletý černý pepř

INSTRUKCE:

a) Předehřejte troubu na 400 °F / 210 °C. Ve velké míse smíchejte papriku, cibuli, lístky tymiánu, mleté koření, olivový olej a špetku soli. Rozložte na pekáč a opékejte 35 minut, během vaření několikrát promíchejte. Zelenina by měla být měkká a sladká, ale ne příliš křupavá nebo hnědá, protože se bude dále vařit. Vyndejte z trouby a vmíchejte polovinu čerstvých bylinek. Ochutnejte kořením a dejte stranou. Zapněte troubu na 425 °F / 220 °C.

b) Na lehce pomoučeném povrchu rozválejte listové těsto na čtverec o velikosti 12 palců / 30 cm asi ⅛ palce / 3 mm silný a nakrájejte na čtyři čtverce o velikosti 6 palců / 15 cm. Čtverce po celém povrchu propíchejte vidličkou a položte je s dostatečnými rozestupy na plech vyložený pečicím papírem. Nechte alespoň 30 minut odpočinout v lednici.

c) Těsto vyndáme z lednice a potřeme vrch i boky rozšlehaným vejcem. Pomocí odsazené špachtle nebo zadní strany lžíce rozetřete 1½ lžičky zakysané smetany na každý čtverec, přičemž po okrajích ponechejte okraj 0,5 cm. Na čtverečky přelité zakysanou smetanou položte 3 polévkové lžíce pepřové směsi, okraje nechte volně kynout. Mělo by být rozetřeno poměrně rovnoměrně, ale uprostřed ponechte mělkou jamku, do které se později vejde vejce.

d) Galettes pečte 14 minut. Vyjměte plech z trouby a do důlku uprostřed každého těsta opatrně rozklepněte celé vejce. Vraťte do trouby a pečte dalších 7 minut, dokud vejce neztuhnou. Posypeme černým pepřem a zbylými bylinkami a zakápneme olejem. Podávejte najednou.

25. Galettes z chřestu, prosciutta a kozího sýra

SLOŽENÍ:
- 2 střední cibule, nakrájené
- 1 lžíce olivového oleje
- 1 lžíce nesoleného másla
- ½ kila tenkého chřestu (asi 15 oštěpů, ¼ až ½ palce tlustého), oříznutého
- 2 kolečka Galette (recept následuje), upečená
- ¼ libry na tenké plátky nakrájeného prosciutta, nakrájeného příčně na tenké plátky
- ⅓ šálku měkkého jemného kozího sýra (asi 4 unce), pokojová teplota
- ¼ šálku mléka
- ¾ tyčinky (6 lžic) nesoleného másla, rozpuštěného a ochlazeného
- 3 velké žloutky
- 1 velké celé vejce
- 2 hrnky univerzální mouky
- 1¾ lžičky soli
- 3 lžíce nasekané čerstvé pažitky

INSTRUKCE:
a) Na pánvi na mírném ohni opékejte na oleji a másle se solí a pepřem podle chuti 15 minut nebo dozlatova. Přeneste cibuli do misky, aby vychladla.
b) Připravte si velkou misku ledu a studené vody. Chřest nakrájejte příčně na ½-palcové kousky a vařte ve velkém hrnci s vroucí osolenou vodou po dobu 3 až 5 minut, nebo dokud nebude měkký. Chřest sceďte v cedníku a přendejte ho do misky s ledem a studenou vodou, aby se přestalo vařit. Vyjměte chřest z vody a osušte.
c) Předehřejte troubu na 400 °F.
d) galette rovnoměrně rozložíme cibuli a poklademe prosciuttem, chřestem a kozím sýrem. Galettes pečte na plechu uprostřed trouby asi 15 minut, nebo dokud povrch lehce nezhnědne . Galettes přendejte na mřížku a nechte je vychladnout.
e) Galettes , nakrájené na měsíčky, podávejte při pokojové teplotě.

KOLA GALETTE:

f) V míse ušlehejte mléko, máslo, žloutky a celé vejce. V jiné míse smíchejte mouku, sůl a pažitku a vmíchejte do mléčné směsi, dokud se nespojí.
g) Na lehce pomoučeném povrchu pomoučenýma rukama těsto prohněteme asi 8krát , nebo dokud nebude hladké. Těsto zabalte do plastové fólie a nechte hodinu chladit.
h) Předehřejte troubu na 450 °F.
i) Těsto rozdělte na 4 díly. Na lehce pomoučeném povrchu pomoučeným válečkem rozválejte každý kousek do 8palcového kola. Kolečka přeneste na 2 plechy na pečení a okraje ozdobně přimáčkněte. Těsto 10 minut chlaďte a pečte ve střední a spodní třetině trouby asi 5 minut nebo do zlatova. Galettes přendejte na mřížky a nechte je úplně vychladnout. Galettes lze vyrobit 1 den předem a uchovávat v uzavíratelném plastovém sáčku při pokojové teplotě .

26. Galette z lilku a rajčat

SLOŽENÍ:
- 17¼ unce mraženého listového těsta
- 2 lilky
- Sůl
- 5 švestkových rajčat
- 15 uncí sýra ricotta
- 2 lžičky česneku
- 6 lžic bazalky
- 2 lžičky rozmarýnu
- 1 lžíce oregana
- ¼ lžičky drcených vloček červené papriky
- Černý pepř
- 12 uncí sýra mozzarella
- 2 lžíce olivového oleje
- ½ šálku parmazánu
- Listy bazalky na ozdobu

INSTRUKCE:
a) Na pomoučněnou pracovní plochu položte plát listového těsta a vyválejte ho na čtverec o průměru 14". Přeneste na velký plech bez okraje . Pomocí štětce namočeného ve vodě potřete po všech stranách čtverce 1" okraj. Okraje těsta zarolujte na 1 " a uštípněte tak, aby vznikl stojatý okraj asi ½" vysoký. V každém z rohů bude trochu přebytečného těsta; stlačit do tvaru koule. Použijte zadní část nože k vytvoření vzoru v ráfku. Opakujte s druhým listem. Nechte ztuhnout, asi 30 minut. To lze připravit až den dopředu. Pevně zakryjte plastovým obalem a chlaďte.

b) Plátky lilku položte na plech a bohatě posypte solí. Nechte je stát 30 minut. Vložte do cedníku a opláchněte pod tekoucí studenou vodou. Sceďte a osušte. Plátky rajčat položte na papírovou utěrku, aby okapala.

c) Smíchejte ricottu, česnek, bylinky, vločky červené papriky, ¼ lžičky soli a černý pepř podle chuti. Na každou skořápku těsta rozetřeme polovinu sýrové směsi.

d) Posypeme sýrem mozzarella. To lze připravit 4 až 5 hodin před tímto bodem. Zakryjte a ochlaďte.

e) Předehřejte troubu na 425 °F. Na každý čtverec listového těsta položte mírně se překrývající plátky lilku a navrch položte mírně se překrývající plátky rajčat. Každou galetku pokapejte asi 1-2 lžícemi olivového oleje a posypte parmazánem.

f) Pečte ve spodní části trouby, dokud není kůrka tmavě zlatavě hnědá a zelenina měkká, asi 40 minut. Vyjměte na 2-3 minuty do chladicí mřížky. Ozdobte lístky bazalky. Každou galetku nakrájejte na 16 čtverců a podávejte teplé.

27. Galette z bramborového pórku

SLOŽENÍ:
- 500 gramů pórku, julien
- 1 lžíce margarínu nebo másla
- 2 lžíce vody
- 500 gramů vařených brambor (den předem uvařených ve slupce), oloupaných a nastrouhaných
- 2 vejce
- ¾ lžičky soli
- 1 špetka muškátového oříšku
- Pepř podle chuti
- Olej nebo máslo na smažení

INSTRUKCE:
a) V hluboké pánvi rozehřejte margarín nebo máslo a přidejte nakrájený pórek. Přidejte vodu a pórek vařte v páře, dokud není měkký.
b) V misce smícháme nastrouhané brambory, vejce, sůl, pepř a muškátový oříšek.
c) Do bramborové směsi přidejte spařený pórek. Odebírejte velkou lžící směsi najednou a zploštěte ji na pánvi, abyste vytvořili malé kulaté galetky (o velikosti a tvaru burgeru).
d) Galettes smažte z každé strany dozlatova.
e) podávejte pórkové galettes se sezónním salátem.

28. Švýcarský mangold Galette s fetou a piniovými oříšky

SLOŽENÍ:
- ¼ šálku rybízu
- 1 cibule, nakrájená na kostičky
- 2 stroužky česneku, nasekané
- 1 velký svazek švýcarského mangoldu nebo špenátu
- ½ šálku feta
- 2 lžíce piniových oříšků (nebo sekaných mandlí či vlašských ořechů)
- Mořská sůl a pepř
- 2 vejce, rozšlehaná (1 polévková lžíce vyhrazena)
- Pečivo

INSTRUKCE:
PRO PŘÍPRAVU NÁPLNĚ:
a) Odstraňte stonky ze zeleniny. Nakrájejte stonky jako celer. Listy nasekejte nahrubo.
b) Ve velké pánvi na středním plameni orestujte cibuli na olivovém oleji do měkka.
c) Přidejte česnek a nakrájené stonky a vařte 2-3 minuty.
d) Přidejte nakrájenou zeleninu a dobře promíchejte. Vařte do měkka (asi 5 minut).
e) Vytlačte přebytečnou vlhkost zadní stranou dřevěné lžíce. Dochuťte solí a pepřem. Směs seškrábněte do mísy a přidejte rybíz a ořechy. Přidejte fetu a vejce těsně předtím, než ji lžící nanesete na připravené těsto.

K SESTAVENÍ GALETTE:
f) Předehřejte troubu na 375 F
g) Na lehce pomoučeném povrchu těsto vyválejte na hrubý kruh o tloušťce asi ¼". Přendejte na plech vyložený pečicím papírem (nejlépe oboustranný, kdyby galetka protekla).
h) Nasypte náplň na pečivo a ponechte okraj 2-3 palce. Okraj jemně přehněte přes náplň a podle potřeby překryjte těsto.
i) Vršek těsta potřeme odloženým vejcem.
j) Pečte 45 minut až hodinu, dokud těsto nezezlátne a náplň nebude pevná. Pokud pečivo příliš zhnědne, na posledních 15 minut volně přikryjte alobalem. Před řezáním nechte 10 minut vychladnout.
k) Podávejte teplé nebo při pokojové teplotě.

29. Houbová a celerová kořenová galette s houbovou omáčkou

SLOŽENÍ:
K NÁPLNĚ:
- 1 malý celer (¾ libry)
- 2 střední pórky
- 1 libra bílých hub
- 3 lžíce olivového oleje
- 1 velká cibule, nakrájená nadrobno
- 1 citron, rozpůlený
- ½ lžičky sušeného estragonu
- Sůl a čerstvě mletý pepř, podle chuti
- 2 střední stroužky česneku, nasekané
- ¼ šálku čerstvé ploché petrželky, nasekané, plus další na ozdobu

NA HOUBOVOU OMÁČKU:
- ½ šálku creme fraiche nebo zakysané smetany
- 2 lžíce čerstvě nastrouhaného parmazánu nebo sýra Asiago
- Houbová omáčka

NA HOUBOVOU OMÁČKU:
- Houba pochází z bílých hub
- Odřezky z kořene celeru
- Pórkové odřezky
- 2 lžíce olivového oleje
- 1 malá cibule, nakrájená
- 1 stroužek česneku, nasekaný
- 1 hrnek kuřecího nebo zeleninového vývaru
- ½ šálku bílého vína
- Sůl a pepř na dochucení

NA TĚSTO:
- Kynuté těsto nebo koláčové těsto

DALŠÍ:
- 1 velké vejce, rozšlehané

INSTRUKCE:
NA HOUBOVOU OMÁČKU:

a) Ve velké nereaktivní pánvi rozehřejte na mírném ohni 2 lžíce olivového oleje.
b) Pomocí děrované lžíce přeneste na kostky nakrájený celer na pánev. Přidejte nakrájený pórek a cibuli.
c) Na zeleninu vymačkejte půlku citronu, přidejte estragon a vařte, dokud se tekutina neodpaří a zelenina nezměkne a nezačne hnědnout (asi 12 minut). Dochuťte solí a pepřem.
d) Přeneste směs do nereaktivní misky.
e) Ve stejné pánvi rozehřejte zbývající 1 lžíci oleje na vysokou teplotu. Míchejte v houbách, dokud se nepotří olejem, a poté na ně vymačkejte zbylou polovinu citronu. Vařte, dokud se houby nezačnou barvit (asi 2 minuty).
f) Dochuťte petrželkou, solí a pepřem. Odstraňte z ohně a vmíchejte směs kořene celeru. Vmíchejte ½ šálku připravené houbové omáčky, creme fraiche a parmazán.

PRO GALETTE:
g) Předehřejte troubu na 375 stupňů.
h) Na lehce pomoučeném plechu bez stran vyválejte těsto z galetky na 14palcový kruh. (Případně rozdělte těsto na 4 stejné kusy a vyválejte na 8palcová kolečka.)
i) Náplň rozprostřete na těsto a nechte 2-palcový okraj. Přiklopte a nahněte okraj těsta.
j) Těsto potřeme rozšlehaným vejcem.
k) Galette pečte dozlatova, asi 30 minut u kynutého těsta a 40 minut u koláčového těsta.

K PODÁVÁNÍ:
l) Nalijte ¼ šálku houbové omáčky na horní část galetky.
m) Ozdobte nasekanou petrželkou.
n) Galette nakrájejte na měsíčky a na každý pokapejte trochou omáčky.

NA HOUBOVOU OMÁČKU:
o) Ve velkém hrnci rozehřejte 2 lžíce olivového oleje.

p) Přidejte stonky hub, odřezky kořene celeru, odřezky pórku, cibuli a česnek. Dusíme, dokud zelenina nezměkne .
q) Zalijeme kuřecím nebo zeleninovým vývarem a bílým vínem. Dochuťte solí a pepřem.
r) Směs vařte asi 20 minut, poté sceďte, pevné látky odstraňte.
s) Vraťte tekutinu do hrnce a vařte, dokud se nezredukuje a nezhoustne.
t) V případě potřeby upravte koření.
u) Použijte tuto houbovou omáčku do náplně galette , jak je uvedeno výše.

30. Bramborový a houbový galette

SLOŽENÍ:

- 1 libra rozmanitých lesních hub
- 1½ lžíce másla
- 2½ lžíce řepkového oleje
- Sůl, podle chuti
- ½ lžičky pepře
- 2½ libry univerzálních brambor
- 1½ lžíce extra panenského olivového oleje

INSTRUKCE:

a) Houby důkladně opláchněte ve studené vodě. Houby vyjměte z vody a dobře slijte. Nakrájejte houby na ¼ palce silné plátky.

b) Ve velké nepřilnavé pánvi rozpusťte máslo v 1 lžíci řepkového oleje. Přidejte houby, ½ lžičky soli a pepře. Vařte na vysokém ohni za občasného míchání, dokud se tekutina neodpaří a houby nezačnou hnědnout (asi 10 minut). Přendejte do misky. Vymažte pánev.

c) Brambory oloupeme a nastrouháme v kuchyňském robotu nebo na struhadle. Bramborové nudličky opláchněte a osušte.

d) Na pánvi rozehřejte olivový olej a zbývající 1½ lžíce řepkového oleje. Přidejte brambory a ½ lžičky soli. Vhoďte a restujte na vysoké teplotě, dokud lehce nezhnědnou (asi 5 minut). Přesuňte jednu třetinu brambor do mísy.

e) Zatlačte na zbývající brambory v pánvi, abyste vytvořili tenké, pevné „lůžko".

f) Na bramborové lůžko nandejte žampiony a navrch rozložte odložené brambory tak, aby zakryly většinu hub. Lehce zatlačte, aby se galette stlačila.

g) Přikryjte a vařte galetku na mírném ohni za občasného protřepání pánví, dokud na dně nezhnědne (asi 10 minut).

h) Sundejte z plotny a nechte 5 minut odpočívat. Galette překlopte na kulatý talíř, nakrájejte na měsíčky a podávejte.

31. Sladká bramborová galette

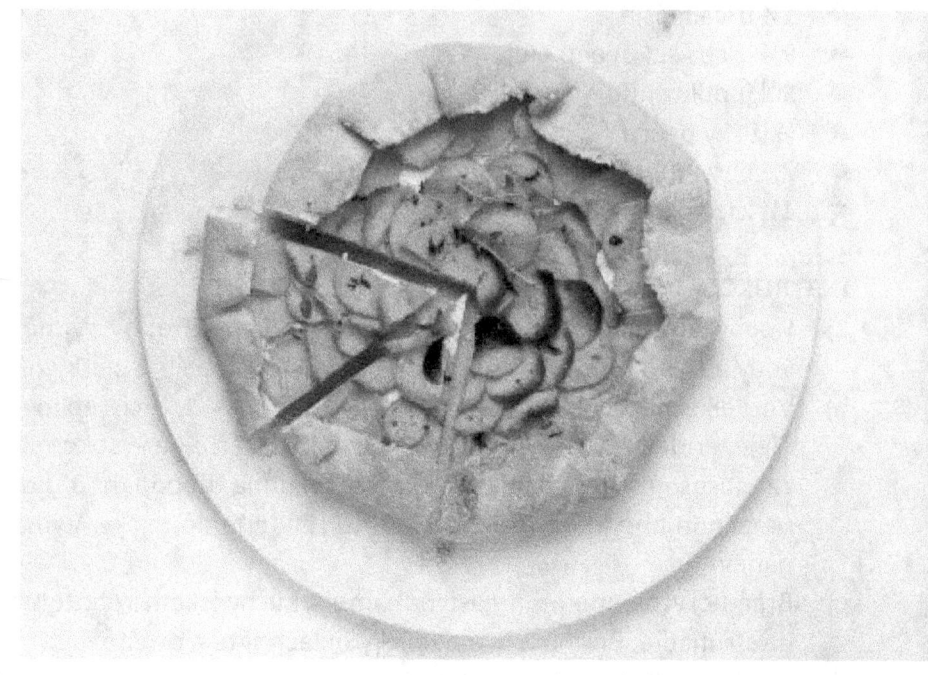

SLOŽENÍ:
- 2 libry brambor Yukon Gold nebo Yellow Finn
- 4 libry sladkých brambor
- ¾ šálku másla
- Sůl a pepř na dochucení

VOLITELNÉ DOPROVODY:
- Jablečno-fenyklový kompot (viz recept)
- Creme fraiche

INSTRUKCE:
a) Žluté brambory a sladké brambory oloupejte a poté je nakrájejte na tenké plátky, asi 1/16 palce.
b) Žluté plátky brambor zakryjte studenou vodou, dokud nebudou připraveny k použití, aby nezhnědly.
c) V 12palcové pánvi rozpusťte 5 lžic másla a odstraňte z tepla.
d) V samostatné pánvi rozpusťte zbývající máslo.
e) Položte jednu vrstvu plátků sladkých brambor na rozpuštěné máslo v pánvi. Pro spodní vrstvu použijte co nejjednotnější plátky.
f) Začněte ve středu pánve a vytvořte překrývající se soustředné kruhy, přičemž otočte směr každého kruhu, dokud nebude dno pánve zakryté.
g) Tuto vrstvu potřete rozpuštěným máslem a bohatě posypte solí a pepřem.
h) Postup opakujte s vrstvou žlutých brambor, které potřete rozpuštěným máslem a dochuťte solí a pepřem.
i) Pokračujte ve vytváření střídavých vrstev sladkých brambor a žlutých brambor, dokud nebude pánev plná.
j) Umístěte pánev na brambory na středně vysokou teplotu a vařte, dokud nezačne prskat. Pokračujte ve vaření dalších 5 minut, občas pánví zatřeste, abyste zabránili přilepení.
k) Brambory zakryjte fólií a pečte při 450 stupních Fahrenheita, dokud nejsou brambory uvařené, přibližně 30 minut. Propečenost otestujte špejlí nebo krájecím nožem.
l) Odstraňte fólii a pomocí stěrky přitlačte brambory, čímž se vrstvy zhutní. Pečte odkryté dalších 10 minut.
m) Vyjměte z trouby a opatrně slijte přebytečné máslo z pánve.
n) Umístěte na pánev velký talíř nebo tác a otočte jej dnem vzhůru a nahraďte všechny plátky, které mohou spadnout.
o) Galette nakrájíme na měsíčky a podáváme. Volitelně jej doplňte kompotem z jablek a fenyklu a creme fraiche.

32. Galette z rajčat a karamelizované cibule

SLOŽENÍ:
- 2 ½ libry žluté cibule, hrubě nakrájené
- 6 snítek čerstvého tymiánu NEBO 2 špetky sušeného tymiánu
- ¼ šálku olivového oleje
- Sůl a čerstvě mletý pepř
- 1 lžíce čerstvého rozmarýnu, mletého NEBO 1 lžička sušeného rozmarýnu
- Kynuté těsto nebo koláčové těsto
- 3 unce sýra Gorgonzola
- 1 velká cherry rajčata nebo švestková rajčata, nakrájená příčně na ⅓" tlustá
- 1 velké vejce, rozšlehané

INSTRUKCE:
a) Ve velkém, těžkém, nereaktivním hrnci vařte cibuli a tymián na mírném ohni, jednou nebo dvakrát zamíchejte, dokud cibule nezačne zlátnout, asi 15 minut.
b) Přidejte 3 polévkové lžíce oleje, přikryjte a vařte na mírném ohni, každých 10 minut oškrábejte pánev, dokud cibule nezhnědne, asi 1 hodinu.
c) Dochuťte solí a pepřem a 2 lžičkami čerstvého rozmarýnu (nebo všeho sušeného). Nechat vychladnout.
d) Předehřejte troubu na 400 stupňů.
e) Na lehce pomoučeném plechu bez stran vyválejte těsto z galetky na 14palcový kruh. (Případně rozdělte těsto na 4 stejné kusy a vyválejte na 8palcová kolečka.)
f) Karamelizovanou cibulovou náplň rozetřete na těsto a nechte 2-palcový okraj.
g) Navrch rozdrobte sýr Gorgonzola a překryjte plátky rajčat v kroužku.
h) Dochuťte solí a pepřem a pokapejte zbylou 1 lžící oleje.
i) Přiklopte a nahněte okraj těsta. Těsto potřeme rozšlehaným vejcem.
j) Galette pečte, dokud kůrka nezezlátne, asi 20 minut u kynutého těsta a 35 minut u koláčového těsta.
k) Posypte zbývající 1 lžičkou čerstvého rozmarýnu a podávejte galetku horkou nebo teplou.

33. Kukuřičná galette s cuketou a kozím sýrem

SLOŽENÍ:
K NÁPLNĚ:
- 1 lžíce olivového oleje
- 1 střední šalotka, mletá
- 1 střední cuketa, nakrájená na ¼-palcové kostky
- ¼ lžičky košer soli, plus více podle potřeby
- Čerstvě mletý černý pepř
- 2 šálky čerstvých kukuřičných zrn (asi ze 3 až 4 klasů)
- 2 lžičky lístků čerstvého tymiánu
- 3 unce čerstvého kozího sýra, rozdrobeného (asi ¾ šálku)

K SESTAVENÍ:
- Univerzální mouka, na posypání
- 1 zakoupená koláčová kůra (asi 7,5 unce), rozmražená, pokud je zmrazená
- 1 lžička dijonské hořčice

INSTRUKCE:
UDĚLEJTE NÁPLŇ:
a) Ve velké pánvi rozehřejte olej na středním plameni, dokud se nezačne třpytit.
b) Přidejte šalotku a restujte, dokud nezačne měknout, asi 2 minuty.
c) Přidejte cuketu, ¼ lžičky soli a dochuťte pepřem. Vařte, dokud zelenina nezměkne, 4 až 5 minut.
d) Sundejte z plotny a vmíchejte kukuřičná zrna a lístky tymiánu.
e) Směs přendejte do misky a nechte vychladnout na pokojovou teplotu.
f) Umístěte stojan doprostřed trouby a zahřejte na 400 ° F. Plech vyložte pečícím papírem.
g) Když směs vychladne, přidejte kozí sýr a promíchejte, aby se spojila. Podle potřeby ještě dochuťte solí a pepřem.

SESTAVTE GALETTE:
h) Koláčovou kůru položte na lehce pomoučněnou pracovní plochu.
i) Pomocí válečku těsto vyválejte na kulatý plát o průměru asi 12 palců.
j) Začněte na jednom konci těsta a volně srolujte koláčovou kůru kolem válečku.

k) Přeneste na připravený plech a těsto rozválejte zpět naplocho.
l) Na těsto rozetřete hořčici a nechte asi 1 ½ až 2 palce okraje.
m) Náplň rovnoměrně naneseme na hořčici.
n) Jemně přehněte okraje těsta přes náplň, zakryjte asi 1 ½ až 2 palce náplně a těsto každé 2 palce průběžně prohýbejte.
o) Pečte, dokud není kůrka zlatavě hnědá, 30 až 40 minut.
p) nechte galetku alespoň 5 až 10 minut vychladnout.

34. Sýrový salám a rajče Galette

SLOŽENÍ:
- 130 g másla
- 300 g mouky
- 1 lžička soli
- 1 vejce
- 80 ml mléka
- ½ lžičky octa

PLNICÍ:
- 1 rajče
- 1 sladká paprika
- cuketa
- salám
- mozzarella
- 1 polévková lžíce olivového oleje
- bylinky (tymián, bazalka, špenát)

INSTRUKCE:
a) Nakrájejte máslo na kostky.
b) V míse nebo pánvi smíchejte olej, mouku a sůl a nasekejte nožem.
c) Vhoďte vejce, trochu octa a trochu mléka.
d) Začněte hníst těsto. Po svinutí do koule a zabalení do plastové fólie dejte na půl hodiny do lednice.
e) Nakrájejte všechny ingredience na náplň.
f) Umístěte náplň do středu velkého kruhu těsta, které bylo vyváleno na pečicím papíru (kromě mozzarelly).
g) Pokapejte olivovým olejem a dochuťte solí a pepřem.
h) Poté opatrně zvedněte okraje těsta, obtočte je kolem překrývajících se částí a lehce je přitlačte.
i) Předehřejte troubu na 200 °C a pečte 35 minut. Deset minut před koncem pečení přidáme mozzarellu a dále pečeme.
j) Podávejte ihned!

35. Galette z rajčat, pesta a kozího sýra

SLOŽENÍ:

- 8½ unce listového těsta
- ⅓ šálku pesta
- 2 lžíce parmazánu; plus 1 lžička
- 3 střední zralá rajčata
- 4 unce Chlazený kozí sýr, rozdrobený a chlazený
- ½ šálku oliv Nicoise ; dolíčkovaný
- Čerstvě mletý černý pepř
- 1 lžíce extra panenského olivového oleje
- 3 listy čerstvé bazalky; nastrouhaný (na 4 polévkové lžíce)

INSTRUKCE:

a) Připravte kůrku: Budete potřebovat 10- nebo 11palcovou dortovou pánev. Rozmrazujte plát listového těsta po dobu 30 minut. Předehřejte troubu na 400 stupňů.

b) Rozložte těsto a rozválejte ho na čtverec o velikosti 14 palců nebo o 4 palce větší, než je forma na koláč. Vyřízněte kruh o 2 palce větší než pánev pomocí spodní části pánve jako vodítka.

c) Těsto položte do dortové formy, přeložte asi 1 palec těsta, abyste vytvořili okraj. Propíchejte dno a boky těsta v 1-palcových intervalech vidličkou. Pečte 15 minut nebo do světle zlatohnědé.

d) Sestavte koláč: Rozložte pesto na pečivo. Pesto posypeme 2 lžícemi parmazánu.

e) Rajčata otřete, jádřince a nakrájejte na ¼-palcové plátky. Plátky rajčat rozložte do soustředných kruhů, začněte od vnějšího okraje skořápky.

f) Na rajčata rozdrobíme kozí sýr. Navrch rozložte olivy a posypte zbylou 1 lžičkou parmazánu. Nahoře rozdrťte černý pepř a pokapejte olivovým olejem.

g) Koláč pečte 15 minut, nebo dokud se kozí sýr nezačne rozpouštět. Pokud ráfek příliš zhnědne, zakryjte jej proužky hliníkové fólie.

h) Těsně před podáváním ozdobte vršek dortu nasekanou bazalkou.

i) Koláč můžeme podávat teplý nebo při pokojové teplotě.

36. Špenát a Ricotta Galette

SLOŽENÍ:
- 1 list listového těsta z obchodu, rozmražené
- 2 šálky čerstvého špenátu, nakrájeného
- 1 šálek sýra ricotta
- 1/4 šálku strouhaného parmazánu
- 1 stroužek česneku, nasekaný
- Sůl a pepř na dochucení
- 1 vejce, rozšlehané (na mytí vajec)

INSTRUKCE:
a) Předehřejte troubu na 375 °F (190 °C) a vyložte plech pečicím papírem.
b) V misce smíchejte nasekaný špenát, sýr ricotta, parmazán, mletý česnek, sůl a pepř.
c) Plát listového těsta rozválejte na lehce pomoučené ploše na hrubý kruh o průměru asi 12 palců.
d) Směs špenátu a ricotty rovnoměrně rozprostřete na listové těsto a ponechejte asi 2-palcový okraj kolem okrajů.
e) Okraje listového těsta přehneme přes špenátovou směs, podle potřeby nařasíme, aby vznikl rustikální tvar galette.
f) Okraje těsta potřeme rozšlehaným vejcem.
g) Pečte v předehřáté troubě 25–30 minut, nebo dokud těsto nezezlátne a náplň neztuhne.
h) Před podáváním necháme mírně vychladnout.

37. Brokolice a Cheddar Galette

SLOŽENÍ:
- 1 list listového těsta z obchodu, rozmražené
- 2 šálky růžičky brokolice, blanšírované a nakrájené
- 1 šálek strouhaného sýra čedar
- 1/4 šálku strouhaného parmazánu
- Sůl a pepř na dochucení
- 1 vejce, rozšlehané (na mytí vajec)

INSTRUKCE:
a) Předehřejte troubu na 375 °F (190 °C) a vyložte plech pečicím papírem.
b) V misce smíchejte nakrájenou brokolici, strouhaný sýr čedar, parmazán, sůl a pepř.
c) Plát listového těsta rozválejte na lehce pomoučené ploše na hrubý kruh o průměru asi 12 palců.
d) Směs brokolice a sýra rovnoměrně rozprostřete na listové těsto a ponechejte asi 2-palcový okraj kolem okrajů.
e) Okraje listového těsta přehneme přes brokolicovou směs, podle potřeby nařasíme.
f) Okraje těsta potřeme rozšlehaným vejcem.
g) Pečte 25–30 minut, nebo dokud těsto nezezlátne a náplň není bublinková.
h) Před podáváním necháme mírně vychladnout.

38. Galette z cukety a ricotty s bazalkovým pestem

SLOŽENÍ:

- 1 list listového těsta z obchodu, rozmražené
- 2 malé cukety nakrájené na tenké plátky
- 1/2 šálku sýra ricotta
- 2 lžíce bazalkového pesta
- Sůl a pepř na dochucení
- 1 vejce, rozšlehané (na mytí vajec)
- lístky čerstvé bazalky na ozdobu (volitelně)

INSTRUKCE:

a) Předehřejte troubu na 375 °F (190 °C) a vyložte plech pečicím papírem.
b) V misce smícháme sýr ricotta a bazalkové pesto. Dochuťte solí a pepřem podle chuti.
c) Plát listového těsta rozválejte na lehce pomoučené ploše na hrubý kruh o průměru asi 12 palců.
d) Směs ricotty a pesta rovnoměrně rozprostřete na listové těsto a ponechte asi 2-palcový okraj kolem okrajů.
e) Na ricottovou směs naaranžujte nakrájenou cuketu.
f) Okraje listového těsta přehneme přes cuketu a ricottu, podle potřeby nařasíme.
g) Okraje těsta potřeme rozšlehaným vejcem.
h) Pečte 25–30 minut, nebo dokud těsto nezezlátne a cuketa změkne.
i) Před podáváním necháme mírně vychladnout. V případě potřeby ozdobte lístky čerstvé bazalky.

39.Karamelizovaná cibulka a špenát Galette

SLOŽENÍ:
- 1 list listového těsta z obchodu, rozmražené
- 2 velké cibule, nakrájené na tenké plátky
- 2 lžíce olivového oleje
- 2 šálky čerstvých listů špenátu
- 1/4 šálku strouhaného parmazánu
- Sůl a pepř na dochucení
- 1 vejce, rozšlehané (na mytí vajec)

INSTRUKCE:
a) Předehřejte troubu na 375 °F (190 °C) a vyložte plech pečicím papírem.
b) Ve velké pánvi rozehřejte olivový olej na středním plameni. Přidejte nakrájenou cibuli a vařte za občasného míchání, dokud nezkaramelizuje, asi 20–25 minut.
c) Plát listového těsta rozválejte na lehce pomoučené ploše na hrubý kruh o průměru asi 12 palců.
d) Zkaramelizovanou cibuli rovnoměrně rozprostřete na listové těsto a ponechejte asi 2-palcový okraj kolem okrajů.
e) Na karamelizovanou cibuli naaranžujte listy čerstvého špenátu.
f) Špenát posypeme strouhaným parmazánem.
g) Dochuťte solí a pepřem podle chuti.
h) Okraje listového těsta přehneme přes špenát a cibuli, podle potřeby nařasíme.
i) Okraje těsta potřeme rozšlehaným vejcem.
j) Pečte 25–30 minut, nebo dokud těsto nezezlátne a náplň se neprohřeje.
k) Před podáváním necháme mírně vychladnout.

OŘECHOVÉ GALETY

40. Malinové a oříškové galety s malinovým coulis

SLOŽENÍ:
- 2 unce zlatého moučkového cukru
- 3 unce mletých lískových ořechů
- 4 unce hladké mouky, proseté
- 3 unce nesoleného másla, chlazeného a nakrájeného na malé kousky
- 1 žloutek, rozšlehaný
- 1 libra + 2 unce malin
- 4 lžíce moučkového cukru, prosátého
- 284 ml smetany ke šlehání

INSTRUKCE:
a) V kuchyňském robotu smíchejte cukr, lískové ořechy a mouku. Přidejte máslo a zpracujte, dokud směs nebude připomínat jemnou strouhanku. Přidejte vaječný žloutek a míchejte, dokud směs nevytvoří kouli.

b) Těsto na lehce pomoučené ploše rozválejte na tloušťku asi 3 mm (½"). Vyřízněte 16 koleček pomocí 6cm (2½") vykrajovátka. Umístěte na nepřilnavé plechy a pečte v předehřáté troubě na 180 °C (350 °F, plynová značka 4) po dobu 12–15 minut nebo do lehkého zbarvení. Před přenesením do chladicího stojanu mírně vychladněte.

c) Coulis připravíte tak, že polovinu malin rozmačkáme na kaši a propasírujeme, aby se odstranily pecky. Vmíchejte 45 ml (3 polévkové lžíce) krupicového cukru.

d) Vyšleháme smetanu a vmícháme zbývající moučkový cukr.

e) Dvě kolečka křehkého chleba obložte smetanou a zbylými celými malinami. Navrch dejte ještě smetanu a maliny. Opakujte pro vytvoření 8 galettes.

f) Podávejte posypané moučkovým cukrem, ozdobené snítkami máty a doplněné malinovým coulis.

41. Mango ořechový Nutella koláč Galette

SLOŽENÍ:

- 7 uncí mouky
- 3½ unce veganského másla (tenké plátky)
- 2 lžíce cukru
- 2 polévkové lžíce ledově studené vody
- 1 mango
- Špetka soli
- 4-5 lžic pasty z lískových oříšků
- ¼ šálku mandlového mléka a ½ lžíce cukru na potření a potažení kůrky

INSTRUKCE:

a) Smíchejte mouku a máslo v kuchyňském robotu.
b) Přidejte cukr, špetku soli a nakonec vodu, abyste získali konzistentní těsto.
c) Nechte 30 minut odpočinout v lednici.
d) Mango nakrájíme na tenké plátky a dáme stranou.
e) Vezměte koláčové těsto a válečkem jej rozválejte do 10-12palcového kruhu.
f) Předehřejte troubu na 400 °F.
g) Doprostřed koláčového těsta potřete 4-5 lžic domácí Nutelly. Nechte asi 1 palec okraje volný.
h) Plátky manga položíme do kruhu na těsto.
i) Okraj těsta přehneme přes mango jako kůrku.
j) Kůru potřeme mandlovým mlékem. Kůru posypeme cukrem.
k) Pečte 35-40 minut v troubě.
l) Ihned podávejte.

42. Nektarinka a švestková pistáciová galette

SLOŽENÍ:
PISTÁCIOVÁ KŮRA
- 1 ½ šálku univerzální mouky
- ¼ šálku nesolených pistácií, vyloupaných a nahrubo nasekaných
- 1 lžička krystalového cukru
- ¼ lžičky soli
- ½ šálku nesoleného studeného másla, nakrájeného na plátky nebo nakrájené na 1 cm kostky
- 1 velký vaječný žloutek
- 4 až 5 lžic studené vody

OVOCNÁ NÁPLŇ
- ¼ šálku krystalového cukru
- 3 lžíce zvýrazňovače náplně koláče
- ¼ lžičky mleté skořice
- 6 až 8 nektarinek, vypeckovaných a nakrájených na plátky
- 6 až 8 švestek, vypeckovaných a nakrájených na plátky
- 1 lžíce citronové šťávy
- 2 lžíce nesoleného másla, nakrájené na 1 cm kostky
- 1 lžička krystalového cukru
- ¼ šálku nesolených pistácií, vyloupaných a nahrubo nasekaných

INSTRUKCE:
a) Ve střední míse smíchejte mouku, pistácie, cukr a sůl. Přidejte máslo a obalte v moučné směsi.
b) Pomocí mixéru na pečivo nebo vidličkou s dlouhým hrotem nakrájejte máslo a žloutek, dokud se směs nestane drobivou o velikosti malého hrášku.
c) Po 2 polévkových lžících přidávejte vodu a dále krájejte do moučné směsi, dokud se nevytvoří těsto a ze stěn mísy se stane jedna soudržná hmota těsta. Z těsta vytvarujte plochý kotouč.
d) Těsto pevně zakryjte plastovou fólií a nechte 30 minut chladit v lednici.
e) Mezitím ve velké míse prošlehejte cukr, zvýrazňovač náplně koláčů a skořici. Poznámka: pokud používáte jako zahušťovadlo univerzální mouku, přidejte ¼ šálku cukru; dát stranou. Přihoďte

nektarinky a švestky. Posypeme citronovou šťávou, jemně promícháme; dát stranou.

f) Zahřejte troubu na 425 °F a vyložte velký plech pečicím papírem nebo silikonovou pečicí podložkou; dát stranou.

g) Jakmile těsto vychladne, čistý a suchý povrch lehce pomoučněte. Těsto rozválejte do obdélníku o rozměrech 12 × 8 palců o tloušťce asi ⅛ palce. Zbylými odřezky vyplňte případné mezery nebo trhliny ve vyváleném těstě. Pomocí velké lavicové škrabky přeneste plát těsta na připravený plech.

h) Okraje opatrně srolujte dovnitř a lehce sevřete šev těsta k sobě, abyste vytvořili okraj.

i) Ze stejného ovoce uchopte zhruba stejně velké plátky a začněte je pokládat od středu a postupujte směrem k okrajům. Při pokládání ovoce nejblíže k okrajům použijte menší plátky k vyplnění mezer. Střídání barev a úhlů při kladení plodů vytvoří dynamičtější estetiku.

j) Náplň posypeme 2 lžícemi másla nakrájeného na kostky. Okraj těsta potřeme štětcem vodou a posypeme 1 lžící cukru. Galette posypte zbylými pistáciemi.

k) Pečte 30 až 40 minut, nebo dokud není kůrka zlatavě hnědá a ovoce měkké. Před podáváním nechte galetku vychladnout na mřížce 1 hodinu. UŽÍVAT SI!

43. Malinový & lékořicový džem a lískooříškový galette

SLOŽENÍ:

- ¾ šálku syrových lískových ořechů, kůže
- ¾ lžičky soli
- 1¼ hrnku hladké mouky plus další na pracovní plochu
- ½ šálku (1 tyčinka) chlazeného nesoleného másla, nakrájeného na 1,5 cm kousky
- ¼ šálku cukru
- 2 velké žloutky
- 1 šálek malinového a lékořicového džemu
- 1 lžička jemně nastrouhané limetkové kůry
- 1 lžíce čerstvé limetkové šťávy
- 1 velké vejce, rozšlehané do směsi
- 2 lžíce surového cukru
- Oříšková nebo vanilková zmrzlina (k podávání; volitelné)

INSTRUKCE:

a) Troubu předehřejte na 190°C.
b) Zpracujte lískové ořechy, sůl a 1¼ šálku mouky v kuchyňském robotu, dokud ořechy nejsou velmi jemně mleté; přendejte do střední mísy a dejte stranou.
c) Máslo a cukr zpracujte v kuchyňském robotu do hladka. Přidejte žloutky a puls, aby se spojily. Přidejte vyhrazenou směs lískových oříšků a pulsujte, dokud se nesmíchá. Shromážděte do koule, zploštěte do disku a zabalte do plastu. Chlaďte alespoň 2 hodiny.
d) Smíchejte malinový a lékořicový džem, limetkovou kůru a limetkovou šťávu v malé misce, aby se smíchaly; dát stranou.
e) Těsto rozválejte na pomoučeném pečícím papíru na kulatý plát o průměru 35 cm o tloušťce asi 3 mm, podle potřeby těsto poprašujte moukou, aby se nelepilo. Těsto rozetřeme povidlovou směsí a necháme 4cm okraj. Okraj těsta potřeme rozšlehaným vejcem. Pomocí pečícího papíru jako pomůcku přehněte okraj těsta přes marmeládu a sevřete všechny praskliny v těstě. Na pekáč nasuňte pečicí papír s galetkou . Vršek těsta potřeme rozšlehaným vejcem; posypeme surovým cukrem.
f) Galette pečte v polovině otáčením, dokud není kůrka tmavě zlatohnědá, 30–40 minut.
g) Přejeďte velkou špachtlí nebo nožem mezi dort a papír, abyste uvolnili dort od případného džemu, který mohl vybublat. Necháme úplně vychladnout na pánvi na mřížce.
h) Nakrájejte na měsíčky a podávejte se zmrzlinou, pokud chcete.

44. Mandle a pikantní sýr Galette

SLOŽENÍ:
K NÁPLNĚ:
- 1 libra rokfortu nebo hermelínu, změkčená a kůra vyhozená
- ¼ šálku husté smetany
- ¼ šálku suchého bílého vína
- 1 velký vaječný žloutek
- 2 lžíce univerzální mouky
- Sůl a pepř na dochucení

NA TĚSTO:
- 3 hrnky univerzální mouky
- 2 lžíce cukru
- ¼ lžičky soli
- 1½ tyčinky studeného nesoleného másla, nakrájeného na kousky (¾ šálku)
- 2 velká vejce, lehce rozšlehaná
- ¼ šálku nakrájených mandlí, nejlépe blanšírovaných, lehce opečených
- Oplach z vajec, který se vyrábí tak, že rozšleháte 1 velký žloutek s 1 lžící vody
- Červené hrozny jako příloha

INSTRUKCE:
UDĚLEJTE NÁPLŇ:
a) V kuchyňském robotu rozmixujte rokfort (nebo hermelín), nakrájejte na kousky, smetanu, víno, žloutek, mouku, sůl a pepř, dokud nebude náplň hladká.

UDĚLEJTE TĚSTO:
b) V míse smíchejte mouku, cukr a sůl.
c) Přidejte máslo a mixujte směs, dokud nebude připomínat hrubou mouku.
d) Vmícháme rozšlehaná vejce.
e) Na lehce pomoučeném povrchu těsto několik sekund lehce hněteme, dokud se nespojí.
f) Těsto rozdělte na poloviny, z každé vytvarujte kouli a těsto zabalené v plastové fólii 1 hodinu chladte.

SESTAVTE GALETTE:

g) Na lehce pomoučeném povrchu rozválejte každou kuličku těsta do 10palcového kola.
h) Zatlačte jedno z koleček těsta na dno a ¾ palce nahoru na stranu máslem vymazané 9palcové kulaté dortové formy.
i) Úzkou kovovou stěrkou rovnoměrně rozetřeme náplň na dno těsta.
j) Náplň posypte opečenými plátky mandlí.
k) Špičkou stěrky přehneme okraj těsta přes náplň.
l) Zbývající těsto rozmístěte do kulatého okraje náplně a okraj horního kolečka přitlačte mezi spodní kolečko a bok formy, přiložte náplň a uzavřete galetku.
m) Vršek narýhujte vidličkou do kosočtvercového vzoru, těsto potřete rozšlehaným vejcem a galette chlaďte alespoň 30 minut až 8 hodin.
n) Předehřejte troubu na 400 °F.
o) Galette pečte uprostřed předehřáté trouby 50 až 55 minut nebo dokud není zlatavě hnědá.
p) Necháme 10 minut vychladnout v pánvi na mřížce.
q) Přejeďte tenkým nožem po okraji galetky, opatrně ji vyklopte na talíř a vyklopte na rošt.
r) Galette necháme úplně vychladnout a podáváme nakrájenou na tenké měsíčky s hrozny.

45. Broskev a ostružina Galette s mandlemi

SLOŽENÍ:
TĚSTO
- 1⅓ šálku univerzální mouky
- 1 lžíce cukru
- ½ lžičky jemné mořské soli
- 1 velké vejce
- Silný krém, podle potřeby
- 2 lžičky citronové šťávy
- ½ lžičky nastrouhané citronové kůry
- 1 tyčinka nesoleného másla, nakrájená na velké kousky

PLNICÍ
- 2 šálky nakrájených broskví (oloupaných nebo ne, podle potřeby)
- 1 šálek ostružin
- ½ šálku světle hnědého cukru
- 3½ lžíce kukuřičného škrobu
- 1 špetka soli
- ½ citronu, oloupané a odšťavněné
- ¼ lžičky mandlového extraktu (volitelně)
- ¼ šálku nakrájených mandlí
- 1 lžička krystalového cukru

INSTRUKCE:
PRO KŮRU:
a) V kuchyňském robotu s ocelovou čepelí nebo velkou mísou promíchejte nebo promíchejte mouku, cukr a sůl. V odměrce lehce rozklepněte vejce a poté přidejte tolik smetany, abyste dostali ⅓ šálku. Vejce a smetanu lehce prošlehejte.

b) K moučné směsi přidáme máslo a rozdrobíme máslo nebo pomocí vykrajovátka nebo prstů. Používáte-li kuchyňský robot, nezpracovávejte příliš; potřebujete kousky másla velikosti cizrny.

c) Těsto pokapejte vaječnou směsí (až ¼ šálku) a pulsujte nebo míchejte, dokud se nezačne spojovat, ale stále jsou většinou velké drobky.

d) Vmícháme citronovou šťávu a kůru.

e) Těsto dejte na lehce pomoučněnou desku a splácněte, aby vznikl jeden jednotný kus. Vyrovnejte na disk, zabalte do plastu a ochlaďte 2 hodiny nebo až 3 dny.
f) Zahřejte troubu na 400 °F. Těsto vyválejte na 12palcový kruh (může být otrhaný).
g) Přendáme na vyložený plech vyložený pečicím papírem a při přípravě náplně vychladíme.

K NÁPLNĚ:
h) Ve velké míse smíchejte broskve a ostružiny, světle hnědý cukr, kukuřičný škrob, špetku soli, citronovou šťávu a kůru a mandlový extrakt.

K SESTAVENÍ:
i) Naskládejte ovocnou směs na kruh těsta a ponechte 1,5-palcový okraj.
j) Pečivo jemně přehněte přes ovoce a naskládejte, aby drželo (nedbalé je v pořádku).
k) Pečivo bohatě potřeme zbylým vejcem a smetanou. Navrch posypeme mandlemi a krystalovým cukrem.
l) Pečte 35–45 minut, dokud náplň silně nezabublá a kůrka nezezlátne.
m) Nechte alespoň 20 minut chladit na mřížce. Podávejte teplé nebo při pokojové teplotě.

46. Cranberry Walnut Galette

SLOŽENÍ:
- 1 jednovrstvé těsto na koláč

BRUSINKOVÁ OŘECHOVÁ NÁPLŇ
- 2 šálky celých brusinek
- ⅔ šálku cukru
- 1 ¼ lžičky kukuřičného škrobu
- špetka muškátového oříšku
- špetka soli
- ¼ lžičky nastrouhané čerstvé pomerančové kůry nebo ½ lžíce pomerančového likéru
- ¼ šálku nasekaných vlašských ořechů

MYTÍ VEJCE
- 1 vejce
- 1 lžíce vody
- ¼ lžičky skořice

INSTRUKCE:
a) Vložte 1½ šálku brusinek do kuchyňského robotu a rozdrťte, dokud nebudou hrubě nasekané. Ve střední misce smícháme nakrájené a celé brusinky se zbylými přísadami na náplň.

b) Těsto rozdělte na čtyři stejné části. Každou část vyválejte do kruhu o tloušťce asi ¼ palce. Kolečka klademe na plech vyložený pečicím papírem. Vnější okraje potřeme rozšlehaným vejcem. Pro přípravu vajec rozšleháme celé vejce a 1 lžíci vody.

c) Hromadu náplně uprostřed ponechejte 1½ palce kolem okrajů.

d) Okraje přehněte nahoru a sevřete je k sobě, abyste vytvořili těsto podobné misce. (Vložila jsem pevnou část náplně, okraje jsem přehnula nahoru a doprostřed pak pokapala tekutinou). Vnějšek potřeme rozšlehaným vejcem a posypeme cukrem.

e) Zmrazte na 1 hodinu nebo dokud nebudete připraveni k pečení.

f) Pečte 10 minut při 425 °F a poté 10 minut při 375 °F (nebo dozlatova na vnější straně).

47. Čokoládový pecan Galette

SLOŽENÍ:

- 1 koláčová kůra domácí nebo koupená v obchodě
- 2 lžíce másla
- ⅓ šálku tmavě hnědého cukru
- ½ lžičky jablečného octa
- ¼ šálku javorového sirupu
- 1 velké vejce
- 3 lžíce holandského zpracovaného kakaa
- 1 šálek pekanových ořechů
- ½ šálku čokoládových lupínků
- Špetka mořské soli

INSTRUKCE:
TOASTOVANÉ PEKANY:
a) Předehřejte troubu na 350 F a rozložte pekanové ořechy na plech. Pokud jsou syrové, opékejte je 10 minut. Pokud jsou již opečené, opékejte je na pět.
b) Než půjdou do náplně, ujistěte se, že jsou vychladlé.

UDĚLEJTE NÁPLŇ:
c) V hrnci na středním plameni šlehejte cukr, sirup, rozpuštěné máslo a kakao, dokud nebude hladký.
d) Jakmile vychladne, vmíchejte vejce, pak ocet, čokoládové lupínky a pekanové ořechy.

SESTAVTE GALETTE:
e) Předehřejte troubu na 400 F. Vyložte plech pečícím papírem.
f) Na lehce pomoučeném pultu těsto rozválejte, dokud nebudete mít kruh o průměru asi 14–15 palců. Naberte náplň do středu a rozprostřete, ponechte dvoupalcový okraj.
g) Přeložte kůru na náplň, nebojte se, pokud to nevypadá dokonale, ale ujistěte se, že je pevně uzavřena, aby žádná náplň nemohla vytéct. Potřeme rozšlehaným vejcem a navrch posypeme cukrem. Pečte 30 minut.
h) Podáváme teplé, se zmrzlinou.

48. Glazovaná broskvová galette s kešu krémem

SLOŽENÍ:
- 1 hrnek nebělené měkké pšeničné mouky
- 1 hrnek hladké celozrnné mouky
- ¼ lžičky mořské soli
- 1 lžička neběleného třtinového cukru
- 2 vejce
- ½ šálku margarínu

PLNICÍ
- 6 bio broskví
- 2 lžíce javorového sirupu
- ¼ lžičky čistého vanilkového extraktu
- sezamová semínka (volitelné)

KRÉM
- ½ šálku syrových kešu oříšků namočených po dobu 1-2 hodin
- ½ citronové šťávy
- ¼ šálku filtrované vody
- 2 lžíce javorového sirupu
- špetka mořské soli

INSTRUKCE:
a) Ve střední míse smíchejte mouku, sůl, cukr, vejce a margarín, dokud se nestane koulí těsta. Používejte (čisté) ruce ⏱ Pokud je moc mokré, přidejte ještě trochu mouky, pokud je příliš suché, můžete přidat malinko vody.

b) Těsto uchováme v míse, přikryjeme a dáme na 15 minut do lednice vychladit, zatímco připravíme náplň.

c) Oloupejte a nakrájejte všechny broskve, vložte je do mísy a pokapejte javorovým sirupem a vanilkou. Dobře promíchejte, aby bylo vše zakryté.

d) Těsto vyndejte na čistou pracovní desku nebo na jakoukoli jinou čistou velkou plochu, posypte moukou, aby se nelepilo, a pomocí válečku nebo láhve těsto přitlačte, dokud nebude tak tenké, jak jen můžete. Nemusí být super tenké a dokonalost zde není nutná .

e) Snažte se, aby bylo relativně kulaté, položte ho na plech s pečícím papírem, doprostřed nalijte broskvovou směs a okraje těsta přehněte kolem dokola.

f) Použijte trochu šťávy z broskví a javorového sirupu na potažení okrajů těsta.
g) Pečte v troubě vyhřáté na 425°C asi 25–30 minut, v závislosti na tom, jak velký je váš koláč a jak husté je vaše těsto.
h) Chcete-li vyrobit kešu krém, jednoduše vložte všechny ingredience do vysoce výkonného mixéru a rozmixujte, dokud nebudou zcela hladké.
i) Koláč podávejte teplý nebo studený, navrchu pokapaným kešu krémem.

49. Rebarbora růže & jahodové pistáciové galety

SLOŽENÍ:
PISTÁCIOVÁ KŮRA
- 1 šálek studeného, nesoleného másla (2 tyčinky)
- 2 ½ šálků univerzální mouky
- 2 lžíce krystalového cukru
- 2 lžičky soli
- ¼ šálku ledově vychlazené vodky
- 2-4 lžíce ledově studené vody
- ½ šálku jemně nasekaných pistácií (nesolených)

RŮŽE Z REBARBAROVÉ
- 3 stonky rebarbory
- 1 ½ šálku cukru
- 1 ½ šálku vody
- 3-5 kapek růžového extraktu

JAHODOVÁ NÁPLŇ
- 1 pinta čerstvých jahod (nakrájené na plátky)
- 1 citronová kůra a šťáva
- ½ šálku cukru
- 1 lžíce tapiokového škrobu

MYTÍ VEJCE
- 1 vejce
- 2-3 lžíce šumivého cukru (nebo surového cukru)
- Režim vaření Zabraňte ztmavnutí obrazovky

INSTRUKCE:
PISTÁCIOVÁ KŮRA
a) V kuchyňském robotu rozdrťte pistácie s asi 1 lžící mouky, dokud nejsou jemně nasekané. Přendejte do misky a dejte stranou.
b) Máslo nakrájejte na ¼"- ½" kostky a vložte zpět do lednice nebo mrazáku, aby na několik minut ztuhlo.
c) Mouku, cukr a sůl dejte do mísy s vysokými stranami a prošlehejte.
d) Pokud máte kuchyňský robot, můžete jej použít k míchání těsta na koláč.
e) Směs mouky a nakrájené máslo dejte do kuchyňského robotu. Jemně pulzujte, dokud se mouka nezmění z hedvábné na

moučnou; to by mělo trvat jen několik pulzů, takže to pozorně sledujte.
f) Během pulzování jemně nalévejte vodku plnicí trubicí, dokud se nespojí. V tuto chvíli rád převádím drobivé těsto do velké mísy, abych zkontroloval úroveň hydratace těsta sebráním malé hrsti; pokud drží pohromadě, je připraven. Pokud je suché nebo drobivé, pomalu přidávejte zbývající vodu, po 1 lžíci. Těsto vyzkoušejte občasným sevřením.
g) Jakmile se těsto začne lepit k sobě, přidávejte nasekané pistácie, dokud se úplně nezapracují.
h) Z těsta vytvarujte čtyři kotouče pro menší 6" galety nebo dva kotouče pro větší 10" galety a zabalte je jednotlivě do plastu.
i) Před válcováním a tvarováním nechte alespoň 1 hodinu chladnout.

RŮŽE Z REBARBAROVÉ

j) Malým krájecím nožem opatrně podélně nakrájejte stonky rebarbory na tenké dlouhé proužky silné asi ⅛".
k) Přidejte vodu a cukr do hrnce se širokým dnem a přiveďte k varu na středně nízké hlavě. Šlehejte, dokud se cukr úplně nerozpustí. Poté vmíchejte pár kapek růžového extraktu.
l) Přidejte po dávkách stužky rebarbory a vařte na mírném ohni asi 45 sekund, dokud nezačnou být měkké a poddajné, ale než se z nich stane guma. Přeneste na plech vyložený papírovými utěrkami.
m) Jakmile stuhy vychladnou, můžete začít tvarovat růže. Začněte tím, že jeden konec držíte mezi palcem a ukazováčkem, poté jej pevně obtočte kolem ukazováčku, dokud se nezačne tvořit tvar růže. Když vám zbyde asi ½" stuhy, jemně ji prostrčte středem, aby růže držela tvar. Růžičky položte zpět na vyložený plech. Opakujte se všemi stuhami.

JAHODOVÁ NÁPLŇ

n) Jahody nakrájejte na kolečka ¼" - ½" a vložte do mixovací nádoby.
o) Přidejte kůru a šťávu z jednoho citronu, posypte cukrem a promíchejte, aby obalil. Vmíchejte tapiokový škrob a nechte 15 minut odležet.

TVORBA GALET

p) Menší kolečka těsta vyválejte na 8" kolečka nebo větší kolečka na 12"-14" kolečka o tloušťce asi ⅛" - ¼".

q) Jemně rozprostřete jahody rovnoměrně po středu koleček pečiva, po celém obvodu ponechejte 2" okraj pro malé galettes nebo 3" okraj pro větší galettes .
r) Opatrně zvedněte a přehněte okraj nahoru a přes náplň, aby se těsto při překládání přirozeně skládalo ve 2" intervalech. Při postupování by se mělo skladovat asi 8x .
s) Odkrytou jahodovou směs završte kyticí růží z rebarbory.
t) Galettes položte na vyložené plechy, dvě malé galette /plech nebo jeden velký galette /plech.
u) Předehřejte troubu na 375° a galettes chlaďte 10-15 minut, dokud se trouba předehřeje.
v) Vejce vyšlehejte dohromady v malé misce. Směsí lehce potřeme těsto a posypeme cukrem.
w) Pečte 35–40 minut, v polovině otočte formy. Kůrka by měla být tmavě zlatohnědá a ovoce by mělo být měkké.
x) Před podáváním nechte vychladnout. Posypte několika celými pistáciemi, abyste přidali barvu a křupali. Nakrájejte na klínky k podávání.
y) galette vytvořte malý stan z alobalu a na prvních 25 minut přikryjte ovocný střed (okraj těsta nechte odkrytý). Na posledních 10 minut pečení stany vyjměte.

50. Galette z jablka a lískových oříšků

SLOŽENÍ:
- 50 g světle hnědého měkkého cukru plus navíc na posypání
- ½ citronu, oloupané a odšťavněné
- 1 lžíce kukuřičné mouky
- 1 lžíce javorového sirupu
- 3 jablka Bramley, oloupaná, zbavená jádřinců, rozpůlená a nakrájená na tenké plátky
- 20 g lískových ořechů, nahrubo nasekaných
- dvojitý krém, podávat

NA PEČIVO
- 80 g lískových ořechů
- 2 lžíce moučkového cukru
- 125 g špaldové mouky
- 175 g hladké mouky plus navíc na podsypání
- 150 g studeného másla, nakrájeného na kostky
- 1 vejce, rozšlehané

INSTRUKCE:
a) Nejprve připravte pečivo. Lískové ořechy a cukr nasekejte v kuchyňském robotu najemno.
b) Přidejte špaldovou a hladkou mouku, máslo a špetku soli a znovu šlehejte, dokud se všechno máslo nespojí a směs je písková.
c) Při běžícím motoru podlévejte 1-2 lžícemi studené vody, dokud se těsto nezačne tvořit hrudky.
d) Trochu zmáčkněte mezi prsty – pokud máte pocit, že se spojí, vyklopte směs na pracovní plochu a krátce prohněteme do koule. Vytvarujte do kotouče, zabalte a chlaďte 30 minut nebo přes noc.
e) bylo pečivo chlazené déle než 30 minut, nechte ho před válením 20 minut ohřát na pokojovou teplotu. Smíchejte hnědý cukr, citronovou kůru, kukuřičnou mouku a javorový sirup ve velké míse. Přidejte jablka a dobře promíchejte. Odložte stranou, zatímco budete vyválet těsto.
f) Troubu rozehřejte na 180C/160C horkovzdušný/plyn 4. Vysypte list pečícího papíru dostatečně velký na to, aby vyložil moukou velký plech, a poté těsto rozválejte na kruh o průměru 30 cm na horní straně pečícího papíru.

g) Pečivo při válení popraská a trochu se bude drobit, ale okraje stále přitlačujte k sobě – nebojte se, že vypadá rustikálně. Těsto na pergamenu přesuňte na plech. Plátky jablek navršte rukama do středu kruhu na pečivo a nechte přebytečný sirup odkapat zpět do mísy tak, jak to děláte (sirup si nechte na později). Nezapomeňte ponechat kolem okraje jasný 2 cm okraj.
h) Použijte pečicí papír, který vám pomůže zvednout okraje těsta přes jablka, takže většina jablek zůstane odkrytá.
i) Seštípněte všechny praskliny kolem okraje a vytvořte rustikální okraj pečiva.
j) Okraj pečiva potřeme rozšlehaným vejcem, posypeme trochou hnědého cukru navíc a posypeme lískovými oříšky. Pečte 50-55 minut dozlatova.
k) Mezitím nalijte zbývající sirup z jablek do malého hrnce a několik minut probublávejte, dokud nezíská sirup. Když je galetka uvařená a ještě horká, potřeme ji sirupem.
l) Nechte vychladnout alespoň 30 minut, poté podávejte teplé se studeným krémem.

BYLINKOVÉ GALETTY

51. Zlatá rajčata a bazalka Galette

SLOŽENÍ:
NA TĚSTO GALETTE:
- 1 ¼ šálku univerzální mouky
- ½ lžičky soli
- ½ šálku nesoleného másla, studeného a nakrájeného na malé kostičky
- 2 až 4 lžíce ledové vody

K NÁPLNĚ:
- 3 šálky zlatých cherry rajčat, rozpůlených
- 1 šálek čerstvých lístků bazalky, nasekaných
- 1 šálek sýra mozzarella, nastrouhaný
- 2 lžíce olivového oleje
- 2 stroužky česneku, mleté
- Sůl a pepř na dochucení

PRO MONTÁŽ:
- 1 vejce, rozšlehané (na mytí vajec)
- Strouhaný parmazán (volitelně, na polevu)

INSTRUKCE:
TĚSTO GALETTE:
a) V kuchyňském robotu smíchejte mouku a sůl. Přidejte studené máslo nakrájené na kostky a dusejte, dokud směs nepřipomíná hrubou strouhanku.
b) Postupně po jedné polévkové lžíci přidávejte ledovou vodu a míchejte, dokud se těsto nespojí. Dávejte pozor, abyste nepřepracovali.
c) Těsto vyklopte na pomoučněnou plochu, vytvarujte z něj kotouč, zabalte do plastové fólie a dejte alespoň na 30 minut do lednice.

PLNICÍ:
d) Předehřejte troubu na 375 °F (190 °C).
e) V misce promíchejte rozpůlená zlatá cherry rajčata s nasekanou bazalkou, mozzarellou, olivovým olejem, mletým česnekem, solí a pepřem. Míchejte, dokud se dobře nespojí.

SHROMÁŽDĚNÍ:
f) Vychlazené těsto rozválejte na pomoučené ploše na kruh o průměru asi 12 palců.

g) Vyválené těsto přeneste na plech vyložený pečicím papírem.
h) Do středu těsta lžící naneste náplň z rajčat a bazalky a po okrajích nechte asi 2 palce těsta.
i) Okraje těsta přehněte přes náplň a vytvořte rustikální tvar volného tvaru.
j) Okraje těsta potřeme rozšlehaným vejcem, aby mělo zlatavou barvu.
k) Případně navrch posypte strouhaným parmazánem.

PEČENÍ:
l) Pečte v předehřáté troubě 30–35 minut, nebo dokud není kůrka zlatavě hnědá a rajčata měkká.
m) Vyjměte z trouby a před krájením nechte pár minut vychladnout.
n) Podávejte teplé a vychutnejte si lahodný Golden Tomato and Basil Galette !

52.galette s vůní tymiánu

SLOŽENÍ:
NA PEČIVOVÉ TĚSTO:
- 1½ šálku univerzální mouky
- ¼ šálku cukrářského cukru
- 1 lžička soli
- 1½ tyčinky studeného nesoleného másla, nakrájeného na kousky (¾ šálku)
- 1 velký vaječný žloutek
- 2 lžíce studené vody

NA GLAZU:
- 4 střední jablka Gala nebo Empire (asi 2 libry)
- ¼ šálku bílého vína
- ⅓ šálku cukru
- ½ šálku bílého vína
- ½ šálku jablečného želé
- ¼ šálku volně balených snítek čerstvého tymiánu
- Obloha: Snítky čerstvého tymiánu a 1 polévková lžíce lístků čerstvého tymiánu

INSTRUKCE:
NA PEČIVOVÉ TĚSTO:
a) V míse smícháme mouku, cukrářský cukr a sůl.
b) Pomocí mixéru na pečivo nebo konečky prstů vmíchejte máslo, dokud směs nebude připomínat hrubou mouku.
c) V malé misce smíchejte vaječný žloutek a studenou vodu.
d) Přidejte žloutkovou směs do moučné směsi, jednu polévkovou lžíci po druhé, zamíchejte, dokud směs nevytvoří těsto.
e) Na pracovní ploše těsto několikrát potřete patou ruky dopředu, aby se v mouce rozvinul lepek a s těstem se lépe pracovalo.
f) Seškrábněte těsto dohromady, abyste vytvořili kouli a vyrovnejte ji na 1 palec silný disk.
g) Těsto zabalené v plastové fólii chlaďte 30 minut.

PRO GALETTE:
h) Jablka rozpulte a zbavte jádřince (neloupejte) a nakrájejte příčně na ¼-palcové plátky.
i) Ve velké míse jemně promíchejte plátky jablek s vínem.

j) Předehřejte troubu na 400 °F.
k) Na lehce pomoučeném povrchu těsto rozválejte na 15palcový kruh a přeneste jej na velký plech.
l) Přeložte okraj o 1 palec kolem dokola, abyste vytvořili okraj.
m) Na těsto poskládejte plátky jablek do překrývajících se soustředných kruhů.
n) Plátky jablek a okraje pečiva potřete vínem, které zbylo v misce a posypte cukrem.
o) Galette pečte 45 minut nebo dokud jablka nezměknou a okraj těsta nezezlátne.
p) Galette ochlaďte na plechu na mřížce.

NA GLAZU:
q) V malém hrnci vařte víno s želé a tymiánem, dokud se tekutina nezredukuje na polovinu , asi 15 minut.
r) Tymián odstraňte děrovanou lžící a horkou polevou štědře potřete plátky jablek.
s) Galette ozdobte snítkami a lístky tymiánu.
t) galette s vůní tymiánu !

53. Cuketa , estragon a tymián Galette

SLOŽENÍ:
NA PEČIVO:
- 350 g hladké mouky plus navíc na podsypání
- ½ lžičky moučkového cukru
- 250 g studeného másla, nakrájeného na kostičky

K NÁPLNĚ:
- 4 velké červené cibule, nakrájené na kolečka o tloušťce 2-3 mm
- 1 lžíce olivového oleje
- 1 lžička lístků tymiánu plus navíc na posypání
- 10g estragonu, listy otrhané a nahrubo nasekané
- 3 střední cukety, nakrájené na 3 mm silná kolečka
- 1 vejce, rozšlehané

INSTRUKCE:

a) Na těsto prosejte mouku do mísy a vmíchejte špetku soli a cukru. Máslo vetřeme do mouky pomocí konečků prstů, dokud směs nepřipomíná hrubou strouhanku.

b) Pomocí příborového nože vmíchejte jen tolik studené vody, aby se pečivo spojilo v těsto (můžete použít až 5-6 polévkových lžic). Z těsta vytvarujte kouli a vyrovnejte ji na kotouč. Zabalte a dejte na 30 minut do lednice.

c) Na náplň vařte cibuli s olejem a lístky tymiánu na pánvi na středním plameni po dobu 20 minut, dokud cibule nezměkne a nebude průsvitná, ale nezbarví se. Okořeníme, stáhneme z plotny a necháme vychladnout.

d) Troubu rozehřejte na 200C/180C horkovzdušný/plyn 6. Vychladlé těsto rozválejte na pomoučněné ploše na velký obdélník o tloušťce asi 3 mm.

e) Cukrářský obdélník přeneste na velký plech na pečení, do středu lžící naneste cibulovou náplň a rovnoměrně ji rozprostřete, kolem okrajů nechte 5 cm okraj.

f) Posypte estragonem a poté položte plátky cukety na cibuli v překrývajících se řadách. Cukety okoříme a posypeme trochou tymiánu navíc.

g) Strany těsta přeložte tak, aby překrývaly okraj náplně, přičemž střed nechte odkrytý. Jemně zatlačte záhyby těsta dolů v rozích, abyste je zajistili, a poté pečivo potřete rozšlehaným vejcem.
h) Galette pečte 40-50 minut, dokud těsto není zlatohnědé a cukety měkké a lehce zlatavé . Před podáváním nechte několik minut vychladnout a ztuhnout.

54. Galette z rozmarýnu a jablka

SLOŽENÍ:
- 4-5 středně velkých jablek, nakrájených na tenké plátky
- ⅓ šálku krystalového cukru
- 1 lžíce univerzální mouky
- 1 lžička čerstvého rozmarýnu, jemně nasekaného
- 1 lžička citronové kůry
- 1 chlazená koláčová kůra (nebo domácí)

INSTRUKCE:
a) Předehřejte troubu na 375 °F (190 °C).
b) V míse smíchejte nakrájená jablka, cukr, mouku, rozmarýn a citronovou kůru. Míchejte, dokud nejsou jablka obalená.
c) Vyválejte koláčovou kůru a položte ji na plech.
d) Plátky jablek rozmístěte doprostřed kůrky a po okrajích nechte okraj.
e) Okraje kůry přeložte přes jablka a vytvořte rustikální tvar galette.
f) Pečte 30–35 minut, nebo dokud není kůrka zlatavě hnědá a jablka měkká.
g) nechte galetku mírně vychladnout.

55. Hruška šalvěj Galette

SLOŽENÍ:
KŮRA:
- 1 ½ šálku univerzální mouky
- 2 lžíce krystalového cukru
- 1 lžička prášku do pečiva
- ⅛ lžičky soli
- 3 lžíce olivového oleje s pomerančovou příchutí
- 3 lžíce štiplavého olivového oleje
- 4 ½ polévkové lžíce/67 ml studené vody

PLNICÍ:
- 4/700 g Bosc Hrušky
- 2 polévkové lžíce/30 ml citronové šťávy
- 3 polévkové lžíce/38 g hnědého cukru
- 2 polévkové lžíce/15 g víceúčelové mouky
- 2 listy šalvěje

GLAZURA:
- 1 vaječný bílek
- 1 polévková lžíce/15 ml vody
- 1 polévková lžíce/13 g krupicového cukru

INSTRUKCE:
UDĚLEJTE KŮRU
a) Smíchejte mouku, cukr, prášek do pečiva a sůl. Olivový olej nakrájejte dvěma noži (použijte křížový úhelník) nebo cukrářským mixérem.

b) Když je olivový olej v hrudkách o velikosti hrášku, přidejte vodu a krájejte podobně, dokud těsto nebude chlupatá hmota. Pokud se pečivo nespojí, můžete přidat více vody po ½ polévkové lžíce najednou.

c) Rukama vytvarujte těsto do jedné soudržné hmoty. Zakryjte plastovým obalem a dejte chladit alespoň na 1 hodinu.

PŘIPRAVTE NÁPLŇ
d) Hrušky podélně nakrájejte na ⅛" silné kousky (slupku nechte na).

e) Nasekejte 2 lístky šalvěje.

f) Smíchejte hrušky s mletou šalvějí, citronovou šťávou, hnědým cukrem a moukou.

g) Dát stranou.
h) Předehřejte troubu na 350 F.
i) Těsto vyválíme mezi dvěma pláty jemně pomoučeného pergamenu na kruh o tloušťce 14-16" ¼". Pomocí talíře obkreslete dokonalý kruh nebo ponechte okraje pro rustikální vzhled.
j) Odstraňte horní vrstvu pergamenu. Vyválené těsto položte na plech – spodní vrstvu pergamenu nechte tak, jak je. Je v pořádku, pokud jsou okraje těsta v tomto bodě přes stranu plechu.
k) Do středu 10" nebo 11" těsta navršte nebo opatrně narovnejte hruškovou směs. V celém objemu vyrovnejte na přibližně stejnou tloušťku. Pomocí pergamenu při zvedání přehněte okraje těsta přes hrušky tak, aby vytvořily 6 stran (poté pergamen vytáhněte zpět naplocho).
l) Stiskněte oblasti překrytí, aby se spojily.
m) Pokud děláte vegan, tento krok přeskočte. Vyšleháme bílek s vodou. Zlehka potřete všechno odkryté pečivo. Navrch posypeme jemnou vrstvou krystalového cukru.
n) Pečte 40–50 minut, dokud těsto nezezlátne a náplň nebude bublat. Před podáváním nechte alespoň 20 minut vychladnout.
o) Vynikající s kopečkem crème fraiche nebo šlehačkou.

56. Hrášek, ricotta a koprová galette

SLOŽENÍ:
NA PARMEZÁNSKÉ PEČIVO:
- 1 ¼ šálku univerzální mouky
- ½ šálku nesoleného másla, studeného a nakrájeného na malé kostičky
- ¼ šálku strouhaného parmazánu
- ¼ lžičky soli
- 2 až 4 lžíce ledové vody

K NÁPLNĚ:
- 2 šálky čerstvého nebo zmrazeného hrášku, rozmraženého
- 1 šálek sýra ricotta
- ¼ šálku strouhaného parmazánu
- 2 lžíce čerstvého kopru, nasekaného
- Kůra z jednoho citronu
- Sůl a pepř na dochucení

PRO MONTÁŽ:
- 1 vejce, rozšlehané (na mytí vajec)
- Extra parmazán na posypání (volitelné)

INSTRUKCE:
PARMÉZÁNOVÉ PEČIVO:
a) V kuchyňském robotu smíchejte mouku, nastrouhaný parmezán a sůl. Přidejte studené máslo nakrájené na kostky a dusejte, dokud směs nepřipomíná hrubou strouhanku.
b) Postupně po jedné polévkové lžíci přidávejte ledovou vodu a míchejte, dokud se těsto nespojí. Dávejte pozor, abyste nepřepracovali.
c) Těsto vyklopte na pomoučněnou plochu, vytvarujte z něj kotouč, zabalte do plastové fólie a dejte alespoň na 30 minut do lednice.

PLNICÍ:
d) Předehřejte troubu na 375 °F (190 °C).
e) V misce smícháme hrášek, sýr ricotta, nastrouhaný parmazán, nasekaný kopr, citronovou kůru, sůl a pepř.

SHROMÁŽDĚNÍ:
f) Vychlazené parmazánové těsto rozválejte na pomoučené ploše na kruh o průměru asi 12 palců.

g) Vyválené těsto přeneste na plech vyložený pečicím papírem.
h) Do středu těsta naneste nádivku z hrášku a ricotty a po okrajích nechte asi 2 palce těsta.
i) Okraje těsta přehněte přes náplň a vytvořte rustikální tvar volného tvaru.
j) Okraje těsta potřeme rozšlehaným vejcem, aby mělo zlatavou barvu. Případně navrch posypte ještě pár parmazánem.

PEČENÍ:
k) Pečte v předehřáté troubě 30–35 minut, nebo dokud kůrka nezezlátne a náplň neztuhne.
l) Vyjměte z trouby a před krájením nechte pár minut vychladnout.
m) Podávejte teplé a vychutnejte si hrášek, ricottu a koprový galette s parmazánovým pečivem!

57. Galette s chřestem a pažitkou

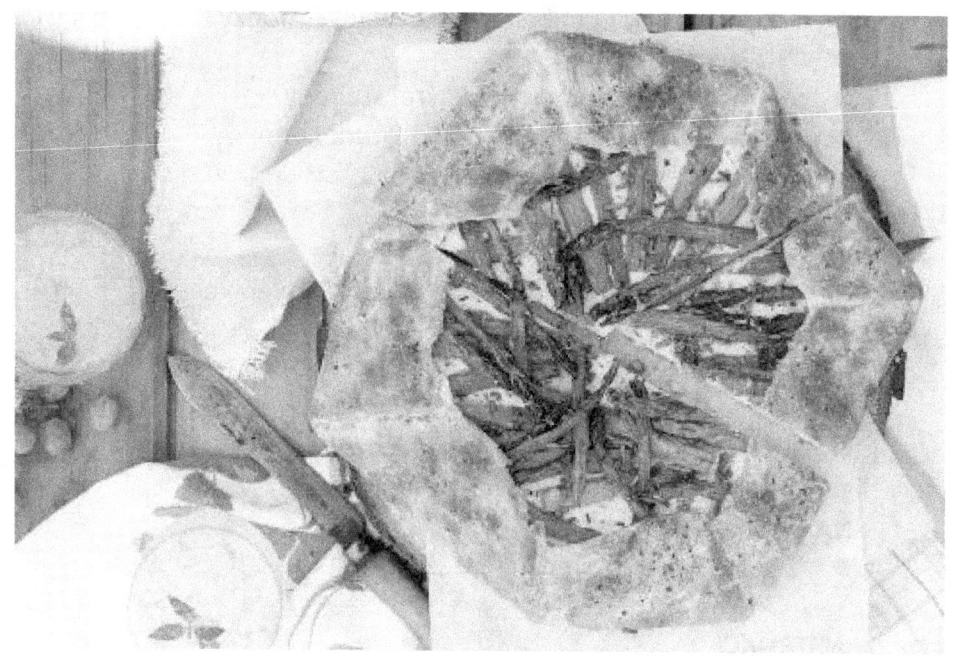

SLOŽENÍ:
PRO KŮRU:
- 1 ½ šálku (180 g) nebělené víceúčelové mouky King Arthur
- ½ lžičky stolní soli
- 2 unce (57 g) smetanového sýra, studený
- 4 lžíce (57 g) nesoleného másla, studeného
- 4 až 6 polévkových lžic (57 g až 85 g) studené vody

K NÁPLNĚ:
- 1 střední svazek chřestu
- 2 až 3 polévkové lžíce (25 g až 35 g) olivového oleje
- ¾ šálku (170 g) sýra ricotta
- 1 velké vejce
- ½ šálku (57 g) strouhaného parmazánu, rozděleného
- ¼ šálku (11 g) nasekané čerstvé pažitky
- 1 lžička citronové kůry (nastrouhaná kůra)

NA MYTÍ VEJCE:
- 1 velké vejce rozšlehané s 1 lžící vody

INSTRUKCE:
UDĚLEJTE KŮRU:
a) Smíchejte mouku a sůl.
b) Zapracujte studený smetanový sýr a máslo, dokud nebude směs drobivá.
c) Zalijte 4 lžícemi studené vody a promíchejte, aby se rovnoměrně navlhčila. V případě potřeby přidejte zbývající vodu, aby vzniklo soudržné těsto.
d) Těsto rozetřete na kotouč o tloušťce ¾", zabalte jej a dejte na 30 minut do chladničky.

UDĚLEJTE NÁPLŇ:
e) Předehřejte troubu na 425 °F.
f) Odlomte dřevnaté stonky ze spodní části stonků chřestu a oštěpy hoďte do olivového oleje, aby se obalily.
g) Chřest rozložte v jedné vrstvě na plech vyložený pečicím papírem a pečte 10 až 15 minut, dokud lehce nezhnědne. Vyjměte a ochlaďte na pokojovou teplotu. Chřest nakrájejte na 1 ½" kousky.

h) Ve střední misce smíchejte ricottu, vejce, polovinu parmezánu, pažitku a citronovou kůru.

SESTAVTE GALETTE:

i) Vychlazené těsto na lehce pomoučené ploše vyválejte na 14" kruh a přeneste na plech vyložený pečicím papírem.

j) Směs ricotty rovnoměrně rozprostřete na těsto a kolem vnějšího okraje nechte nezakrytý 2" široký pruh.

k) Na náplň položte opečené kousky chřestu.

l) Holé okraje těsta přehněte směrem ke středu a podle potřeby naskládejte.

m) Odkryté těsto potřeme rozmrazeným vejcem a zbylým parmazánem posypeme celou galetku.

UPÉCT:

n) Pečte v předehřáté troubě na 425 °F 25 až 30 minut, dokud není kůrka zlatavě hnědá a náplň bublinková.

o) Vyjměte z trouby a před podáváním teplý nechte 10 minut vychladnout, nebo vychlaďte a podávejte při pokojové teplotě.

p) Galette uchovávejte zakrytou a v chladu po dobu až 1 týdne.

58. Galette z rajčat, sýra a oregana

SLOŽENÍ:

- 1 x 320 g hotového rozváleného listového těsta
- 3 lžíce rajčatového dochucení nebo chutney
- 5 až 6 rajčat (nakrájených na tenké plátky)
- 1 lžíce kapary
- 1 lžíce čerstvě nasekaného oregana + navíc na ozdobu
- 50 g jemně nastrouhaného sýru čedar
- Sůl a pepř na dochucení
- Mléko, na glazuru

INSTRUKCE:

a) Předehřejte troubu na 200C/400F/plyn 6. Vyložte a/nebo vymažte velký plech na pizzu nebo plech na pečení.
b) Hotové vyválené těsto nakrájejte na velké kolo, aby se vešlo na plech, pokud je čtvercový nebo obdélníkový. Položte na pečicí papír. Ochutnejte nebo chutney rozprostřete na pečivo, téměř k okraji kruhu.
c) Navrch položte nakrájená rajčata, navrch posypte kapary, nakrájené oregano a strouhaný sýr. Dochutíme solí a černým pepřem.
d) Okraje kruhového těsta zvedněte a kolem náplně udělejte krustu, viz fotografie, takže dort nebo galette je jako dort s otevřeným povrchem. Těsto potřeme mlékem, aby zesklovatělo.
e) Pečte 25 až 30 minut nebo dokud není pečivo uvařené a nafouknuté , sýr se rozpustí a rajčata uvařená a téměř zkaramelizovaná.
f) Ihned podávejte, nakrájené na měsíčky, posypané čerstvým oreganem, s míchaným salátem a/nebo sezónní zeleninou.

59. Herby Carrot and Cream Cheese Galette

SLOŽENÍ:
TĚSTO:
- 2 šálky mandlové mouky
- ⅔ šálku tapiokové mouky/škrobu
- ½ lžičky soli
- 2 lžíce čerstvého rozmarýnu - nasekaného
- 8 lžic studeného másla
- 1 vejce

GALETTE:
- 4-6 střední mrkve
- ½ lžičky soli
- 1 lžíce olivového oleje
- 1 lžíce sezamového oleje
- 8 uncí změkčeného smetanového sýra
- 4 jarní cibulky - nakrájené
- mytí vajec - 1 vejce + střik vody
- ¼ šálku pražených sezamových semínek
- ½ lžičky vločkové soli

INSTRUKCE:
a) Smíchejte mandlovou mouku, tapiokový škrob, sůl a nasekaný rozmarýn ve velké míse.
b) Šlehejte, aby se rovnoměrně spojily. Studené máslo nastrouháme nebo nakrájíme na malé kousky.
c) Přidejte směs mandlové mouky a začněte do mouky hnětat máslo. Jakmile textura připomíná mokrý písek, přidejte vejce a hněťte, dokud nezískáte hladkou kouli.
d) Těsto zabalte do plastové fólie a vložte do mrazáku na 30 minut nebo do lednice, dokud nebude připraveno k použití.
e) Zatímco těsto chladne, nakrájejte mrkev škrabkou na zeleninu na dlouhé nudličky. Nakrájenou mrkev dejte do mísy se solí, olivovým olejem a sezamovým olejem. Prohoďte, aby se rovnoměrně obalila a odložte stranou.
f) Smíchejte změklý smetanový sýr s nakrájenou jarní cibulkou a dejte stranou.
g) Předehřejte troubu na 425 stupňů. Plech vyložte pečicím papírem.

h) Pro sestavení galetky položte těsto na plech vyložený pečicím papírem.
i) Těsto rozválejte na přibližně 11" kruh. Na těsto naneste smetanový sýr a nechte kolem okraje 1" jasný okraj.
j) Navrch na smetanový sýr dejte mrkev a ujistěte se, že setřesete přebytečnou vlhkost, která mohla z mrkve vytéct. Pomocí pergamenu přeložte okraje galetkového těsta přes náplně.
k) Kůru potřeme vajíčkem a posypeme sezamovými semínky. Pečte na střední mřížce trouby 30–35 minut. Pokud se vršky mrkve začnou připalovat, vložte na poslední minuty do galetky kousek alobalu.
l) Galette vyjměte z trouby a nechte 10-15 minut vychladnout. Na závěr posypte vločkovou solí a podávejte teplé!

60. Blackberry Mint Galette

SLOŽENÍ:
PRO KŮRU:
- 1 hrnek univerzální mouky
- 2 lžíce kukuřičné mouky
- 4 lžíce másla nebo veganského másla
- 5-6 lžic ledové vody
- 1 lžíce kokosového cukru + další na polevu kůrky
- ¼ lžičky soli

K NÁPLNĚ:
- 2 šálky čerstvých ostružin
- 2 lžíce čerstvé máty, jemně nasekané
- 2 lžíce kokosového cukru
- ½ citronu, šťáva
- 1 lžíce kukuřičného škrobu

INSTRUKCE:
PŘIPRAVTE KŮRU:
a) Ve velké míse smíchejte mouku, kukuřičnou krupici, kokosový cukr a sůl.
b) Přidejte 4 lžíce velmi studeného másla a vidličkou nebo nožem nakrájejte do moučné směsi, dokud nebude drobivá.
c) Po 2 polévkových lžících přidávejte ledovou vodu a míchejte, dokud se těsto nezačne lepit.
d) Z těsta vytvarujte kruh nebo plochý kruh, zabalte ho do pečícího papíru a dejte na 45 minut až 1 hodinu do chladničky.
e) Předehřejte troubu na 325 ° F.
f) Zatímco těsto chladne, smíchejte v míse ostružiny s mátou, citronovou šťávou, kokosovým cukrem a kukuřičným škrobem. Nechte 30 minut uležet.

VYVÁLEJTE TĚSTO:
g) Jakmile těsto vychladne, rozválejte ho na plechu pečícího papíru a vytvarujte z něj kruh o tloušťce asi ¼ palce.
h) Do těsta propíchejte dírky a do středu naneste ostružinovou směs.
i) Okraje přehněte, aby se vložily ostružiny, a rukama tvarujte.
j) Okraj krusty potřete rozpuštěným máslem (nebo veganským máslem) a posypte kokosovým palmovým cukrem.

UPÉCT:
k) Přeneste galetku a pečicí papír na plech a pečte 45 minut nebo dozlatova.
l) Po dokončení nechte galetku alespoň 10 minut vychladnout.

61. Citronový tymián a borůvkový galette

SLOŽENÍ:

- 1 list listového těsta z obchodu, rozmražené
- 2 šálky čerstvých borůvek
- Kůra z 1 citronu
- 2 lžíce citronové šťávy
- 1/4 šálku krystalového cukru
- 1 lžíce kukuřičného škrobu
- 1 lžíce čerstvých lístků tymiánu
- 1 vejce, rozšlehané (na mytí vajec)
- Moučkový cukr, na posypání (volitelně)

INSTRUKCE:

a) Předehřejte troubu na 375 °F (190 °C) a vyložte plech pečicím papírem.
b) V misce smíchejte čerstvé borůvky, citronovou kůru, citronovou šťávu, krystalový cukr, kukuřičný škrob a lístky čerstvého tymiánu. Jemně promíchejte, dokud nebudou borůvky rovnoměrně obalené.
c) Rozmražený plát listového těsta rozválejte na lehce pomoučené ploše na hrubý kruh o průměru asi 12 palců.
d) Vyválené listové těsto přendáme na připravený plech.
e) Lžící naneste borůvkovou směs na střed listového těsta a ponechejte asi 2-palcový okraj kolem okrajů.
f) Okraje listového těsta přehneme přes borůvky, podle potřeby nařasíme, aby vznikl rustikální tvar galette.
g) Okraje těsta potřeme rozšlehaným vejcem, aby mělo při pečení zlatavou barvu.
h) Pečte v předehřáté troubě 25–30 minut, nebo dokud těsto nezezlátne a borůvky nebudou bublat.
i) Vyjměte z trouby a před podáváním nechte galetku mírně vychladnout.
j) Před podáváním případně popráším moučkovým cukrem.
k) Nakrájejte a vychutnejte si lahodný citronový tymián a borůvkový galette!

62. Galette z bazalky a cherry rajčat

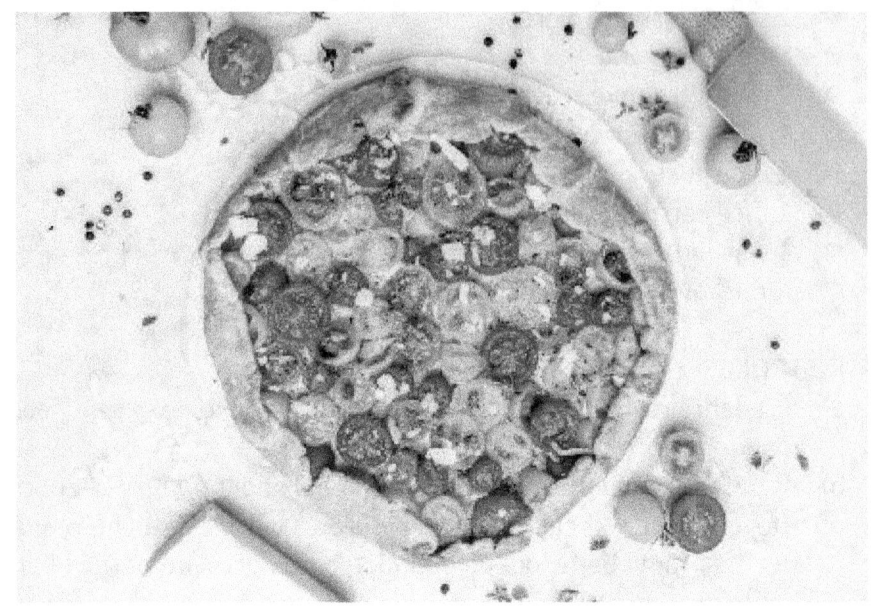

SLOŽENÍ:

- 1 list listového těsta z obchodu, rozmražené
- 2 šálky cherry rajčat, rozpůlené
- 1/4 šálku strouhaného parmazánu
- 2 lžíce čerstvých bazalkových lístků, nasekaných
- 1 lžíce olivového oleje
- Sůl a pepř na dochucení
- 1 vejce, rozšlehané (na mytí vajec)

INSTRUKCE:

a) Předehřejte troubu na 375 °F (190 °C) a vyložte plech pečicím papírem.
b) V misce promíchejte cherry rajčata se strouhaným parmazánem, nasekanými lístky bazalky, olivovým olejem, solí a pepřem.
c) Plát listového těsta rozválejte na lehce pomoučené ploše na hrubý kruh o průměru asi 12 palců.
d) Vyválené listové těsto přendáme na připravený plech.
e) Směs cherry rajčat rovnoměrně rozprostřete na listové těsto a ponechejte asi 2-palcový okraj kolem okrajů.
f) Okraje listového těsta přehneme přes cherry rajčata, podle potřeby nařasíme, aby vznikl rustikální tvar galette.
g) Okraje těsta potřeme rozšlehaným vejcem, aby mělo při pečení zlatavou barvu.
h) Pečte v předehřáté troubě 25–30 minut, nebo dokud těsto nezezlátne a cherry rajčata nezměknou.
i) Vyjměte z trouby a před podáváním nechte mírně vychladnout.
j) Nakrájejte a vychutnejte si lahodnou galette z bazalky a cherry rajčat!

63. Cilantro Lime Corn Galette

SLOŽENÍ:
- 1 list listového těsta z obchodu, rozmražené
- 2 šálky čerstvých nebo zmrazených kukuřičných zrn
- Kůra z 1 limetky
- 2 lžíce limetkové šťávy
- 1/4 šálku nasekaného čerstvého koriandru
- 1/4 šálku rozdrobeného sýra cotija (nebo sýr feta)
- Sůl a pepř na dochucení
- 1 vejce, rozšlehané (na mytí vajec)

INSTRUKCE:
a) Předehřejte troubu na 375 °F (190 °C) a vyložte plech pečicím papírem.
b) V misce smíchejte kukuřičná zrna, limetkovou kůru, limetkovou šťávu, nasekaný koriandr, rozdrobený sýr cotija, sůl a pepř.
c) Plát listového těsta rozválejte na lehce pomoučené ploše na hrubý kruh o průměru asi 12 palců.
d) Vyválené listové těsto přendáme na připravený plech.
e) Kukuřičnou směs rovnoměrně rozprostřete na listové těsto a ponechejte asi 2-palcový okraj kolem okrajů.
f) Okraje listového těsta přehneme přes kukuřičnou směs a podle potřeby nařasíme, aby vznikl rustikální tvar galette.
g) Okraje těsta potřeme rozšlehaným vejcem, aby mělo při pečení zlatavou barvu.
h) Pečte v předehřáté troubě 25–30 minut, nebo dokud těsto nezezlátne a kukuřice se neprohřeje.
i) Vyjměte z trouby a před podáváním nechte mírně vychladnout.
j) Nakrájejte a vychutnejte si svůj chutný koriandr Lime Corn Galette!

64. Galette z šalvěje a máslového squash

SLOŽENÍ:
- 1 list listového těsta z obchodu, rozmražené
- 2 šálky máslové dýně nakrájené na kostičky
- 2 lžíce olivového oleje
- 1 lžíce nasekaných čerstvých listů šalvěje
- 1/4 šálku strouhaného parmazánu
- Sůl a pepř na dochucení
- 1 vejce, rozšlehané (na mytí vajec)

INSTRUKCE:
a) Předehřejte troubu na 375 °F (190 °C) a vyložte plech pečicím papírem.
b) V misce promíchejte na kostičky nakrájenou máslovou dýni s olivovým olejem, nasekanými lístky šalvěje, nastrouhaným parmazánem, solí a pepřem.
c) Směs máslové dýně rovnoměrně rozprostřete na listové těsto a ponechte asi 2-palcový okraj kolem okrajů.
d) Plát listového těsta rozválejte na lehce pomoučené ploše na hrubý kruh o průměru asi 12 palců.
e) Vyválené listové těsto přendáme na připravený plech.
f) Okraje listového těsta přehneme přes máslovou dýňovou směs a podle potřeby naskládáme, aby vznikl rustikální tvar galette.
g) Okraje těsta potřeme rozšlehaným vejcem, aby mělo při pečení zlatavou barvu.
h) Pečte v předehřáté troubě 25–30 minut, nebo dokud těsto není zlatohnědé a máslová dýně měkká.
i) Vyjměte z trouby a před podáváním nechte mírně vychladnout.
j) Nakrájejte a vychutnejte si svou pikantní šalvěj a máslovou dýni Galette !

65. Mražený hrášek a Feta Galette

SLOŽENÍ:
- 1 list listového těsta z obchodu, rozmražené
- 2 šálky čerstvého nebo mraženého hrášku
- 1/4 šálku rozdrobeného sýra feta
- 2 lžíce nasekaných lístků čerstvé máty
- Kůra z 1 citronu
- Sůl a pepř na dochucení
- 1 vejce, rozšlehané (na mytí vajec)

INSTRUKCE:
a) Předehřejte troubu na 375 °F (190 °C) a vyložte plech pečicím papírem.
b) V misce smíchejte hrášek, rozdrobený sýr feta, nasekané lístky máty, citronovou kůru, sůl a pepř.
c) Plát listového těsta rozválejte na lehce pomoučené ploše na hrubý kruh o průměru asi 12 palců.
d) Vyválené listové těsto přendáme na připravený plech.
e) Hráškovou směs rovnoměrně rozprostřete na listové těsto a ponechejte asi 2-palcový okraj kolem okrajů.
f) Okraje listového těsta přehneme přes hráškovou směs a podle potřeby nařasíme, aby vznikl rustikální tvar galette.
g) Okraje těsta potřeme rozšlehaným vejcem, aby mělo při pečení zlatavou barvu.
h) Pečte v předehřáté troubě 25–30 minut, nebo dokud těsto nezezlátne a hrášek nezměkne.
i) Vyjměte z trouby a před podáváním nechte mírně vychladnout.
j) Nakrájejte a vychutnejte si osvěžující mátaný hrášek a Feta Galette !

66. Citronová rozmarýnová bramborová galette

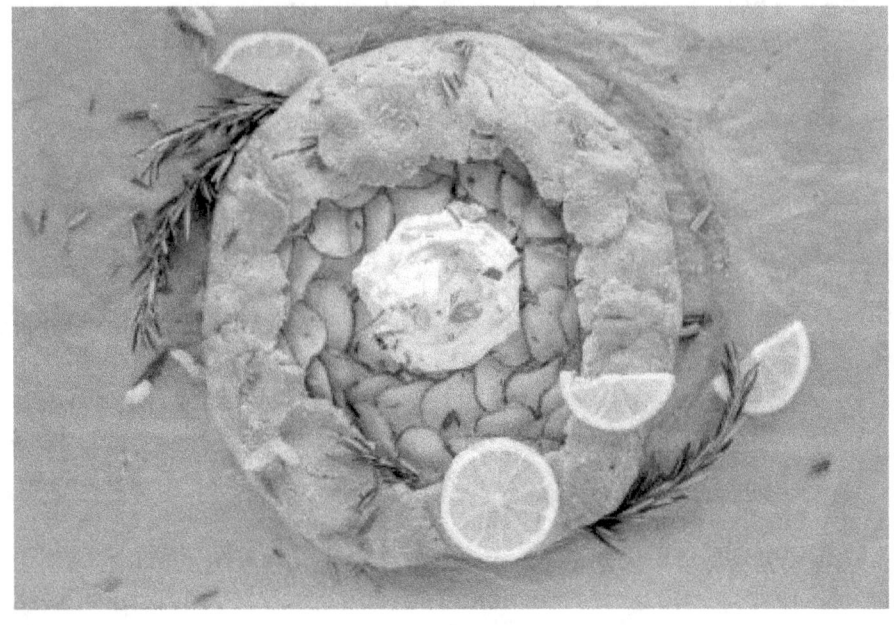

SLOŽENÍ:
- 1 list listového těsta z obchodu, rozmražené
- 2 šálky na tenké plátky nakrájených brambor
- Kůra z 1 citronu
- 2 lžíce nasekaných čerstvých listů rozmarýnu
- 1/4 šálku strouhaného parmazánu
- Sůl a pepř na dochucení
- 1 vejce, rozšlehané (na mytí vajec)

INSTRUKCE:
a) Předehřejte troubu na 375 °F (190 °C) a vyložte plech pečicím papírem.
b) V misce promíchejte na tenké plátky nakrájené brambory s citronovou kůrou, nasekanými lístky rozmarýnu, nastrouhaným parmazánem, solí a pepřem.
c) Plát listového těsta rozválejte na lehce pomoučené ploše na hrubý kruh o průměru asi 12 palců.
d) Vyválené listové těsto přendáme na připravený plech.
e) Bramborovou směs rovnoměrně rozprostřete na listové těsto a ponechejte asi 2-palcový okraj kolem okrajů.
f) Okraje listového těsta přehneme přes bramborovou směs a podle potřeby nařasíme, aby vznikl rustikální tvar galette .
g) Okraje těsta potřeme rozšlehaným vejcem, aby mělo při pečení zlatavou barvu.
h) Pečte v předehřáté troubě 25–30 minut, nebo dokud těsto nezezlátne a brambory nezměknou.
i) Vyjměte z trouby a před podáváním nechte mírně vychladnout.
j) galette s citronem a rozmarýnem !

67. Karamelizovaná šalotka a tymiánová galette

SLOŽENÍ:
- 1 list listového těsta z obchodu, rozmražené
- 4 šalotky, nakrájené na tenké plátky
- 2 lžíce másla
- 1 lžíce olivového oleje
- 2 lžíce lístků čerstvého tymiánu
- Sůl a pepř na dochucení
- 1 vejce, rozšlehané (na mytí vajec)

INSTRUKCE:
a) Předehřejte troubu na 375 °F (190 °C) a vyložte plech pečicím papírem.
b) V pánvi rozehřejte máslo a olivový olej na středním plameni. Přidejte na tenké plátky nakrájenou šalotku a za občasného míchání vařte, dokud nezkaramelizuje, asi 15–20 minut.
c) Plát listového těsta rozválejte na lehce pomoučené ploše na hrubý kruh o průměru asi 12 palců.
d) Vyválené listové těsto přendáme na připravený plech.
e) Karamelizovanou šalotku rovnoměrně rozprostřete na listové těsto a na okrajích ponechte asi 2-palcový okraj.
f) Na šalotku posypeme lístky čerstvého tymiánu. Dochuťte solí a pepřem podle chuti.
g) Okraje listového těsta přehneme přes šalotku a podle potřeby nařasíme, aby vznikl rustikální tvar galette.
h) Okraje těsta potřeme rozšlehaným vejcem, aby mělo při pečení zlatavou barvu.
i) Pečte v předehřáté troubě 25-30 minut, nebo dokud těsto není zlatohnědé.
j) Vyjměte z trouby a před podáváním nechte mírně vychladnout.

68. Brie and Sage Galette s karamelizovanou cibulkou

SLOŽENÍ:
- 1 list listového těsta z obchodu, rozmražené
- 1 velká cibule, nakrájená na tenké plátky
- 2 lžíce másla
- 1 lžíce olivového oleje
- 6 uncí sýra Brie, nakrájeného na plátky
- 2 lžíce nasekaných čerstvých listů šalvěje
- Sůl a pepř na dochucení
- 1 vejce, rozšlehané (na mytí vajec)

INSTRUKCE:
a) Předehřejte troubu na 375 °F (190 °C) a vyložte plech pečicím papírem.
b) V pánvi rozehřejte máslo a olivový olej na středním plameni. Přidejte na tenké plátky nakrájenou cibuli a za občasného míchání vařte, dokud nezkaramelizuje, asi 15–20 minut.
c) Plát listového těsta rozválejte na lehce pomoučené ploše na hrubý kruh o průměru asi 12 palců.
d) Vyválené listové těsto přendáme na připravený plech.
e) Položte na plátky nakrájený sýr Brie přes listové těsto a ponechejte asi 2-palcový okraj kolem okrajů.
f) Karamelizovanou cibuli rovnoměrně rozprostřete na sýr Brie.
g) Na cibuli posypeme nakrájenými lístky šalvěje. Dochuťte solí a pepřem podle chuti.
h) Okraje listového těsta přehneme přes náplň, podle potřeby nařasíme, aby vznikl rustikální tvar galette .
i) Okraje těsta potřeme rozšlehaným vejcem, aby mělo při pečení zlatavou barvu.
j) Pečte v předehřáté troubě 25-30 minut, nebo dokud těsto není zlatohnědé.
k) Vyjměte z trouby a před podáváním nechte mírně vychladnout.
l) Nakrájejte a vychutnejte si lahodnou Brie and Sage Galette s karamelizovanou cibulkou!

PIRÁNĚNÉ GALETTY

69. Chai kořeněná jablečná galette

SLOŽENÍ:
- 2 hrnky + 1 lžíce hladké mouky
- 2 lžíce kokosového cukru
- ½ lžičky soli
- ⅔ šálku + 2 lžíce másla
- ½ šálku ledově studené vody
- ½ šálku mandlové moučky

JABLKOVÁ NÁPLŇ
- 3 Gala jablka
- ¼ hrnku kokosového cukru
- 1 lžička mleté skořice
- 1 lžička mletého zázvoru
- ½ lžičky mletého muškátového oříšku
- ½ lžičky mletého kardamomu
- 2 lžíce marantového škrobu
- 2 lžičky pomerančové kůry
- 2 lžíce pomerančové šťávy

INSTRUKCE:
UDĚLEJTE TĚSTO
a) Přidejte mouku, cukr a sůl do kuchyňského robotu a promíchejte.
b) Přidejte máslo, pulsujte, dokud se nevytvoří malé drobky, poté se spuštěným kuchyňským robotem vlijte vodu a zpracujte pouze do té doby, než se vytvoří velká koule.
c) Těsto vyškrábněte a rychle vytvarujte do malého kotouče.
d) Pevně zabalte do plastové fólie a dejte do lednice na 1+ hodinu.

PŘIPRAVTE NÁPLŇ
e) Mezitím smíchejte v misce všechny ingredience na náplň kromě mandlové moučky a dejte stranou.

VYTVOŘTE GALETTE
f) Po 1 hodině vyjměte těsto z lednice.
g) Těsto dejte mezi 2 papíry na pečení a opatrně vyválejte na obdélník.
h) Odstraňte vrchní list pečícího papíru a těsto (stále na spodním pečícím papíru) položte na plech.

i) Těsto rozprostřete mandlovou moukou, nechte 5 cm okraj (ten se převalí do krusty) a navrch dejte jablkovou směs.
j) Nyní složte strany galetky.
k) Poté, co jste přeložili přes první okraj, otočte galette, proveďte další přeložení a pokračujte, dokud se nevrátíte tam, kde jste začali.
l) Vrchní kůrku potřete extra rozpuštěným máslem a olivovým olejem nebo z mléka posypte mandlovými vločkami nebo surovým cukrem.
m) Nyní vložte galetku (na pekáč) zpět do lednice na minimálně 30 minut a poté troubu předehřejte.

UPÉCT

n) Předehřejte troubu na 200 °C (390 °F), poté vložte galetku do trouby a pečte 10 minut.
o) Snižte na 175 C (350 F), poté pečte dalších 30-35 minut.
p) Ihned podáváme se zmrzlinou, nebo necháme vychladnout a nakrájíme na plátky.

70. Five Spice Peach Galette

SLOŽENÍ:
- 180 g (6,3 unce) hladké (univerzální) mouky plus navíc na podsypání
- 160 g (5,6 unce) nesoleného másla, chlazeného
- 2 lžičky surového krystalového cukru
- ½ lžičky mořské soli
- 1 lžička mletého zázvoru
- 1 lžíce jablečného octa
- 2 lžíce vody, vychlazené

PĚT KOŘENÍ BROSKVOVÁ NÁPLŇ
- 4 broskve, zbavené pecek, nakrájené na tenké plátky
- 2 lžíce bílého cukru
- ½ citronu, šťáva
- 1 lžička čínského pěti koření
- 2 lžíce meruňkového džemu
- 1 lžička kukuřičné mouky (kukuřičný škrob)

INSTRUKCE:

a) Chcete-li udělat koláčovou kůru, vložte mouku, máslo, cukr a sůl do kuchyňského robotu. Blitz, dokud nebude připomínat strukturu podobnou strouhance. Poté přidejte mletý zázvor, jablečný ocet a vodu a pokračujte v pulsování, dokud se nevytvoří těsto.

b) Těsto přeneste na lehce pomoučněnou plochu a hněťte 2 minuty, dokud nebude hladké. Rukama vytlačte na 10 cm kotouč, zabalte jej do potravinářské fólie a dejte na 1 hodinu do lednice.

c) Když je těsto téměř hotové, předehřejte troubu na 200 °C (390 °F). Smíchejte plátky broskve, cukr a citronovou šťávu ve velké míse. Přidejte pět koření a meruňkový džem a poté míchejte, dokud se nespojí. Nechte stranou.

d) Vyjměte těsto z lednice. Na velký papír na pečení nasypte malé množství mouky a navrch položte těsto.

e) Přeneste na plochý plech. Těsto rozválejte na hrubé kolo o průměru přibližně 40 cm (15,5") a tloušťce asi 1 cm (⅜").

f) Pečivo poprašte kukuřičnou moukou – pomůže to odsát přebytečnou šťávu, abyste se vyhnuli rozmočené spodní části galette.

g) Začněte od středu, upravte a roztáhněte plátky broskve do tvaru větrníku, přičemž po okrajích nechte asi 7 cm (2¾") okraje.

h) Přeložte přes okraje těsta, abyste vytvořili galetku, ve středu odkryjte asi 15 cm (6") ovocné směsi.

i) Přeneste plech do trouby. Pečte 40 minut nebo dokud těsto nezezlátne a nebude křupavé. Podávejte se zmrzlinou.

71. Tomato & Jalapeno Galette

SLOŽENÍ:
TĚSTO:
- 1 hrnek mouky
- ¼ lžičky soli
- ½ šálku chlazeného másla, nakrájeného na kostky
- 4 unce smetanového sýra, nakrájeného na kostky
- 2-3 lžíce ledové vody

PLNICÍ:
- 4 unce smetanového sýra, změkčeného.
- 2 stroužky česneku, jemně nasekané
- 1 lžíce koriandru, nasekaného
- 1 pražená paprička jalapeňo, obalená v puchýři a poté jemně nasekaná
- špetka soli
- ½ šálku směsi strouhaného čedaru a Monterey jack
- nakrájené rajče

INSTRUKCE:
TĚSTO:
a) Prosejeme mouku a sůl, poté pomocí mixéru na těsto nakrájíme smetanový sýr a máslo.
b) Přidejte tolik vody, aby se vše spojilo.
c) Zabalte do plastové fólie a dejte na několik hodin do lednice.
d) Mezitím si připravte náplň:

PLNICÍ:
e) Až budete připraveni k použití, vyválejte na hrubý kruh, položte na plech na pizzu a předehřejte troubu na 350 stupňů.
f) Smíchejte smetanový sýr, česnek, koriandr, nasekané jalapeno a sůl. Rozprostřete po spodní části kůrky na několik centimetrů od okraje.
g) Posypeme ½ šálku strouhaného sýra a navrstvíme rajčata.
h) Posypeme ještě trochou sýra. Přehneme přes okraje těsta.
i) Pečte 30–35 minut, dokud nezezlátnou a nezvoní. Nakrájejte na měsíčky a podávejte.

72.Zimní ovoce a perník Galette

SLOŽENÍ:
TĚSTO NA PEČIVO:
- 2 ¼ šálků mouky
- 2 lžičky cukru
- ¾ lžičky soli
- ½ šálku jemné kukuřičné mouky
- ½ lžičky smíšeného koření
- 1 lžička mletého zázvoru
- ½ lžičky mleté skořice
- 14 lžic másla, studeného
- 3,4 unce vody, studené
- 6 lžic zakysané smetany

KARAMELIZOVANÉ ZIMNÍ OVOCE:
- ⅓ šálku cukru
- 3,4 tekuté unce vody
- 1 vanilkový lusk, podélně rozkrojený, semena vyškrábat
- 2 tyčinky skořice
- 2 hřebíčky
- 4 lusky kardamomu
- 1 velký stroužek česneku
- 4 hvězdičkový anýz
- ⅔ šálek kumquatů
- 1 kaki
- 3 jablka Bramley
- ⅔ šálku sušených meruněk
- ⅔ šálku sušených švestek
- ⅓ šálku sušených brusinek

PERNÍK:
- ½ šálku másla
- ½ šálku měkkého tmavě hnědého cukru
- Kůra z 1 pomeranče
- 2 velká vejce
- ¼ šálku mouky
- 1 lžička mletého zázvoru
- ¼ lžičky mleté směsi koření
- ¼ lžičky mleté skořice

- 1 šálek mletých mandlí

OBLOHA:
- 3 velké bílky
- ½ hrnku moučkového cukru

INSTRUKCE:
TĚSTO NA PEČIVO:
a) Mouku, cukr, sůl, kukuřičnou krupici, směs koření, mletý zázvor a skořici prosejeme do mísy. Máslo nakrájejte na malé kostičky a vetřete do moučné směsi, dokud textura nepřipomíná jemnou strouhanku.
b) Přidejte studenou vodu a zakysanou smetanu a vypracujte hladké těsto. Zabalte do potravinářské fólie a nechte asi 30 minut vychladit, dokud neztuhne.

KARAMELIZOVANÉ ZIMNÍ OVOCE:
c) V hrnci s těžkým základem smíchejte všechny ingredience na sirup. Přiveďte k varu a poté snižte plamen a nechte vařit. Mezitím rozpůlíme kumquaty, tomel nakrájíme na plátky, jablka oloupeme a pomocí pařížské naběračky nakrájíme jablka na malé kuličky.
d) V samostatné pánvi s vroucí vodou blanšírujte kumquaty, dokud kůra mírně nezměkne, asi 3 minuty, sceďte a uložte.
e) Do vroucího sirupu přidejte sušené meruňky, vařte pět minut, poté přidejte sušené švestky a kumquaty, vařte další dvě minuty a poté přidejte kuličky jablek a sušené brusinky. Pokračujte ve vaření, dokud ovoce nezměkne, asi tři až pět minut.
f) Odstraňte pánev z ohně a nechte vychladnout. Ovoce sceďte a uložte. Celé koření vyhoďte. Vraťte sirup na oheň a redukujte, dokud nedosáhnete konzistence sirupu.

PERNÍK:
g) Umícháme máslo, hnědý cukr a pomerančovou kůru. Postupně přidávejte vejce mezi každým přidáním dobře promíchejte.
h) Mouku prosejeme, přidáme zázvor, smíchané koření, skořici a mleté mandle a vmícháme do máslové směsi. Nechte v chladu, dokud není potřeba.

MONTÁŽ GALETTE:
i) Předehřejte troubu na 190°C. Na pomoučené pracovní desce vyválejte vychladlé těsto na tloušťku 3 cm.
j) Nakrájíme na 30 cm kruh. Pekáč vyložte pečicím papírem, umístěte na něj 25 cm kovový kroužek a doprostřed kroužku položte pečivo. Kolem vnitřních okrajů těsta potřeme bílky.
k) Perníkovou směs přendáme do těsta a poklademe pošírovaným ovocem, malý výběr si ponecháme na ozdobu. Okraje těsta přitiskněte k sobě tak, aby střed zůstal odkrytý.
l) Potřeme bílkem, posypeme moučkovým cukrem a pečeme do zlatova, asi 25 minut. Asi 5 minut před dopečením dort potřete zbylým sirupem a na dort naaranžujte odložené ovoce.

SLOUŽIT:
m) Vyjměte z trouby a nechte 5 minut odstát, aby mírně vychladl, přejeďte nožem po okraji kovového kroužku, aby se uvolnil, a poté vyjměte.

73. Kardamom-kořeněná meruňka a mandle Galette

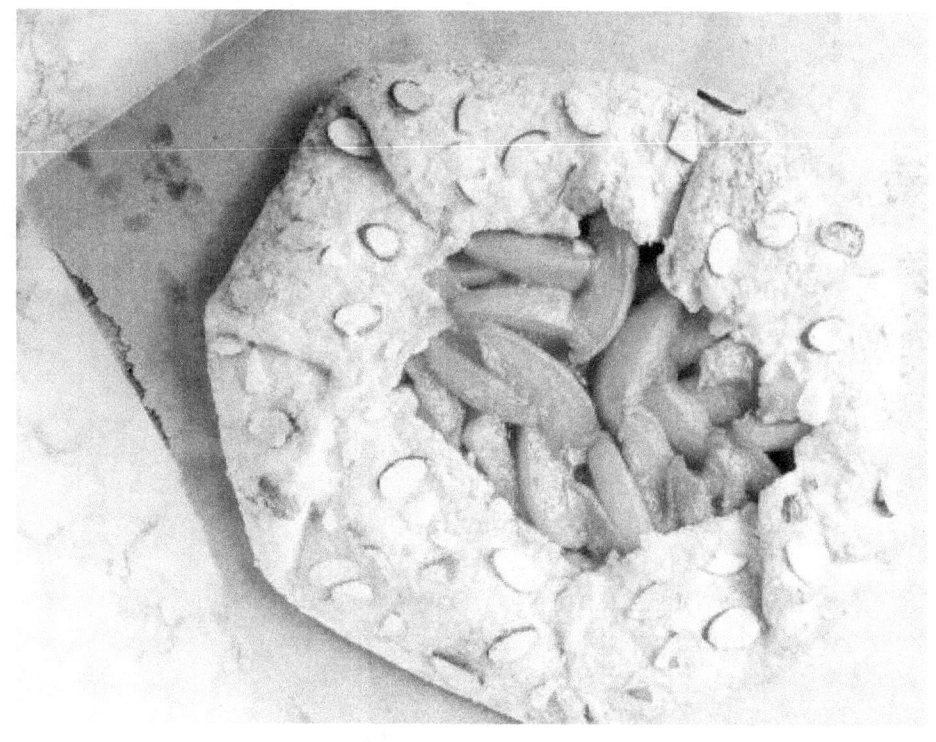

SLOŽENÍ:
PRO KŮRU:
- 1 ¼ šálku mouky
- ½ lžičky cukru
- ½ lžičky jemné soli
- 1 tyčinka nesolené máslo, velmi studené

K NÁPLNĚ:
- 7 meruněk, rozpůlených, vypeckovaných a nakrájených na tenké plátky (není třeba loupat)
- ½ šálku tmavě hnědého cukru
- ⅛ lžičky košer soli
- ¼ lžičky vanilkového extraktu
- ¼ lžičky mandlového extraktu
- 2 lžičky citronové šťávy
- 4 lžíce kukuřičného škrobu
- ¼ lžičky mletého kardamomu

NA DOKONČENÍ KŮRY:
- výplach vajec (1 rozšlehané vejce a 1 lžíce vody)
- cukr turbínado
- 3 lžíce nakrájených mandlí

INSTRUKCE:
PRO KŮRU:

a) Naplňte šálek ½ šálku vody a vložte několik kostek ledu; odložte to stranou. Ve velké míse smíchejte mouku, cukr a sůl. Velmi studené nesolené máslo nakrájejte na ½palcové kousky.

b) Nasypte kostky másla na mouku a začněte je zapracovávat pomocí mixéru na pečivo nebo vidličkou, pomocí které nabíráte a přerozdělujete směs podle potřeby, aby byly všechny části rovnoměrně zpracovány, dokud všechny kousky másla nebudou mít velikost malého hrášku.

c) Začněte tím, že směs másla a mouky pokapete ¼ šálku ledově studené vody (ale ne kostky). Pomocí gumové stěrky shromážděte těsto dohromady. Pravděpodobně budete potřebovat další ¼ šálku studené vody, abyste to spojili, ale přidávejte ji po lžících.

d) Jakmile stěrkou vytáhnete velké hrudky, začněte těsto spojovat rukama . Shromážděte shluky dohromady do jednoho kopce a jemně je hnětete dohromady. Vytvarujte z něj disk a zabalte jej do plastové fólie. Dejte do lednice alespoň na hodinu.

K NÁPLNĚ:

e) Zatímco těsto chladne, připravte si náplň. Všechny ingredience na náplň přidejte do středně velké mísy a jemně míchejte, dokud se vše nespojí a ovoce se rovnoměrně nepokryje kořením. Ochutnejte a podle potřeby upravte chutě. Odstavte a nechte macerovat, dokud těsto nevychladne.

f) Předehřejte troubu na 400 stupňů s mřížkou uprostřed. Plech vyložte pečicím papírem nebo silikonovou pečicí podložkou a dejte stranou.

g) Jakmile je těsto důkladně vychladlé, vyjměte ho z lednice. Na lehce pomoučeném povrchu těsto rozválejte na kruh o průměru 14 palců o tloušťce asi 18 palce. Těsto opatrně přeložte na čtvrtiny a odstraňte přebytečnou mouku. Těsto přeneseme do středu připraveného plechu a rozložíme. Nevadí, když visí z okrajů plechu.

h) Meruňkovou směs rozmístěte do středu těsta a po okrajích nechte 2-3 palce těsta holé. Pokud se v misce nahromadila nějaká šťáva, přelijte ji přes střed ovoce.

i) Uchopte kousek sypkého těsta a přeložte ho přes náplň směrem ke středu galetky . Pokračujte v práci kolem galetky a nechte těsto přehnout tam, kde je to přirozené, a podle potřeby vytvořte několik záhybů. Pokračujte, dokud nespotřebujete všechno přebytečné těsto a nevytvoříte okraj kůrky obklopující ovoce uprostřed.

j) Okraje a boky těsta potřeme rozšlehaným vejcem a bohatě posypeme turbanovým cukrem a plátky mandlí. Vložte plech na pečení do chladničky a galette chlaďte alespoň 30 minut nebo až hodinu.

k) Galette pečte 35–45 minut, nebo dokud není kůrka zlatavě hnědá a ovoce bublinkové. Nechte 5 minut vychladnout na plechu a poté opatrně pomocí pečícího papíru nadzvedněte galetku a přesuňte ji na chladicí mřížku. Nakrájejte ho na silné klínky pro podávání. Vřele doporučuji podávat s kopečkem vanilkové zmrzliny.

74. Sladký brambor Chipotle a galette z černých fazolí

SLOŽENÍ:
- 1 list listového těsta z obchodu, rozmražené
- 2 šálky vařených a rozmačkaných sladkých brambor
- 1 šálek vařených černých fazolí
- 1 chipotle paprika v adobo omáčce, mletá
- 1 lžička mletého kmínu
- 1/2 lžičky chilli prášek
- Sůl a pepř na dochucení
- 1 vejce, rozšlehané (na mytí vajec)
- Čerstvé lístky koriandru na ozdobu (volitelné)

INSTRUKCE:
a) Předehřejte troubu na 375 °F (190 °C) a vyložte plech pečicím papírem.
b) V misce smíchejte rozmačkané batáty, černé fazole, mletý chipotle pepř, mletý kmín, chilli prášek, sůl a pepř.
c) Plát listového těsta rozválejte na lehce pomoučené ploše na hrubý kruh o průměru asi 12 palců.
d) Vyválené listové těsto přendáme na připravený plech.
e) Směs sladkých brambor a černých fazolí rovnoměrně rozprostřete na listové těsto a ponechte asi 2-palcový okraj kolem okrajů.
f) Okraje listového těsta přehneme přes náplň, podle potřeby nařasíme, aby vznikl rustikální tvar galette .
g) Okraje těsta potřeme rozšlehaným vejcem.
h) Pečte v předehřáté troubě 25-30 minut, nebo dokud těsto není zlatohnědé.
i) Vyjměte z trouby a před podáváním nechte mírně vychladnout.
j) V případě potřeby ozdobte lístky čerstvého koriandru.
k) Nakrájejte a vychutnejte si svůj chutný Chipotle Sweet Potato a Black Bean Galette !

ČOKOLÁDOVÉ GALETTY

75. Nutella Čokoládový Galette

SLOŽENÍ:
- 1 předem připravená koláčová kůra
- 1/2 šálku Nutelly
- 1/4 šálku nasekaných lískových ořechů
- 1 vejce, rozšlehané (na mytí vajec)
- moučkový cukr (na posypání)

INSTRUKCE:
a) Předehřejte troubu na 375 °F (190 °C).
b) Koláčovou krustu vyválejte na plech vyložený pečicím papírem.
c) Nutellu rovnoměrně rozprostřete na střed koláčové kůrky.
d) Nutellu posypeme nasekanými lískovými oříšky.
e) Okraje krusty přehneme přes náplň z Nutelly a vytvoříme rustikální okraj.
f) Okraje korpusu potřeme rozšlehaným vejcem.
g) Pečte 20–25 minut, nebo dokud není kůrka zlatavě hnědá.
h) Před poprášením moučkovým cukrem nechte galetku mírně vychladnout. Podávejte teplé.

76. Čokoláda a malina Galette

SLOŽENÍ:

- 1 předem připravený čokoládový koláč
- 1 šálek polosladkých čokoládových lupínků
- 1 šálek čerstvých malin
- 1 lžička krystalového cukru
- 1 vejce, rozšlehané (na mytí vajec)
- moučkový cukr (na posypání)

INSTRUKCE:

a) Předehřejte troubu na 375 °F (190 °C).
b) Koláčovou krustu vyválejte na plech vyložený pečicím papírem.
c) Čokoládové lupínky rozpusťte v misce vhodné do mikrovlnné trouby a míchejte do hladka.
d) Rozpuštěnou čokoládu rovnoměrně rozetřete po středu koláčové kůrky.
e) Na čokoládu naaranžujte čerstvé maliny.
f) Maliny posypeme krystalovým cukrem.
g) Okraje krusty přehneme přes náplň a vytvoříme rustikální okraj.
h) Okraje korpusu potřeme rozšlehaným vejcem.
i) Pečte 25–30 minut, nebo dokud není kůrka zlatavě hnědá.
j) Před popráškem moučkovým cukrem nechte galetku mírně vychladnout. Podávejte teplé.

77. Salted Caramel Chocolate Galette

SLOŽENÍ:
- 1 předem připravená koláčová kůra
- 1 šálek polosladkých čokoládových lupínků
- 1/2 šálku slané karamelové omáčky
- Vločky mořské soli (na posypání)
- 1 vejce, rozšlehané (na mytí vajec)
- moučkový cukr (na posypání)

INSTRUKCE:
a) Předehřejte troubu na 375 °F (190 °C).
b) Koláčovou krustu vyválejte na plech vyložený pečicím papírem.
c) Čokoládové lupínky rozpusťte v misce vhodné do mikrovlnné trouby a míchejte do hladka.
d) Rozpuštěnou čokoládu rovnoměrně rozetřete po středu koláčové kůrky.
e) Čokoládu přelijte slanou karamelovou omáčkou.
f) Na karamel posypte vločky mořské soli.
g) Okraje krusty přehneme přes náplň a vytvoříme rustikální okraj.
h) Okraje korpusu potřeme rozšlehaným vejcem.
i) Pečte 25–30 minut, nebo dokud není kůrka zlatavě hnědá.
j) Před poprášením moučkovým cukrem nechte galetku mírně vychladnout. Podávejte teplé.

78. Čokoláda a banán Galette

SLOŽENÍ:

- 1 předem připravená koláčová kůra
- 1 šálek polosladkých čokoládových lupínků
- 2 zralé banány, nakrájené na plátky
- 2 lžíce hnědého cukru
- 1 vejce, rozšlehané (na mytí vajec)
- moučkový cukr (na posypání)

INSTRUKCE:

a) Předehřejte troubu na 375 °F (190 °C).
b) Koláčovou krustu vyválejte na plech vyložený pečicím papírem.
c) Čokoládové lupínky rozpusťte v misce vhodné do mikrovlnné trouby a míchejte do hladka.
d) Rozpuštěnou čokoládu rovnoměrně rozetřete po středu koláčové kůrky.
e) Na čokoládu vyskládejte nakrájené banány.
f) Banány posypeme hnědým cukrem.
g) Okraje krusty přehneme přes náplň a vytvoříme rustikální okraj.
h) Okraje korpusu potřeme rozšlehaným vejcem.
i) Pečte 25–30 minut, nebo dokud není kůrka zlatavě hnědá.
j) Před popráškem moučkovým cukrem nechte galetku mírně vychladnout. Podávejte teplé.

79. White Chocolate Raspberry Galette

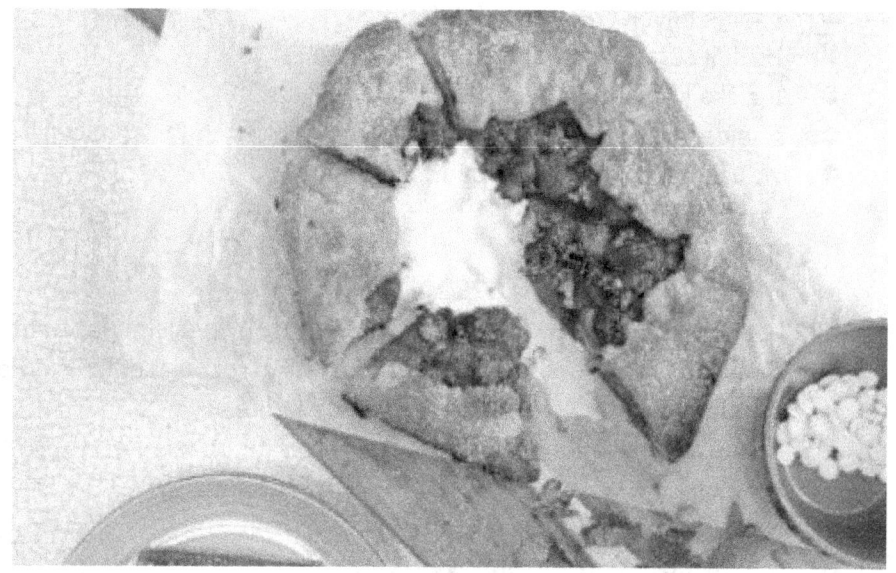

SLOŽENÍ:
- 1 předem připravená koláčová kůra
- 1 šálek bílých čokoládových lupínků
- 1 šálek čerstvých malin
- 1 lžička krystalového cukru
- 1 vejce, rozšlehané (na mytí vajec)
- moučkový cukr (na posypání)

INSTRUKCE:
a) Předehřejte troubu na 375 °F (190 °C).
b) Koláčovou krustu vyválejte na plech vyložený pečicím papírem.
c) V misce vhodné do mikrovlnné trouby rozpusťte kousky bílé čokolády a míchejte, dokud nebudou hladké.
d) Rozpuštěnou bílou čokoládu rovnoměrně rozetřete po středu koláčové kůrky.
e) Na bílou čokoládu naaranžujte čerstvé maliny.
f) Maliny posypeme krystalovým cukrem.
g) Okraje krusty přehneme přes náplň a vytvoříme rustikální okraj.
h) Okraje korpusu potřeme rozšlehaným vejcem.
i) Pečte 25–30 minut, nebo dokud není kůrka zlatavě hnědá.
j) Před poprášením moučkovým cukrem nechte galetku mírně vychladnout. Podávejte teplé.

80. Čokoláda Cherry Galette

SLOŽENÍ:

- 1 předem připravená koláčová kůra
- 1 šálek polosladkých čokoládových lupínků
- 1 šálek čerstvých třešní, vypeckovaných a rozpůlených
- 1 lžička krystalového cukru
- 1 vejce, rozšlehané (na mytí vajec)
- moučkový cukr (na posypání)

INSTRUKCE:

a) Předehřejte troubu na 375 °F (190 °C).
b) Koláčovou krustu vyválejte na plech vyložený pečicím papírem.
c) Čokoládové lupínky rozpusťte v misce vhodné do mikrovlnné trouby a míchejte do hladka.
d) Rozpuštěnou čokoládu rovnoměrně rozetřete po středu koláčové kůrky.
e) Na čokoládu naaranžujte půlky čerstvých třešní.
f) Třešně posypeme krystalovým cukrem.
g) Okraje krusty přehneme přes náplň a vytvoříme rustikální okraj.
h) Okraje korpusu potřeme rozšlehaným vejcem.
i) Pečte 25–30 minut, nebo dokud není kůrka zlatavě hnědá.
j) Před poprášením moučkovým cukrem nechte galetku mírně vychladnout. Podávejte teplé.

81. Pohár na arašídové máslo S'mores Galette

SLOŽENÍ:
- 1 ½ šálku univerzální mouky
- ½ šálku drobky z grahamového sušenky
- ⅔ šálku soleného másla, studeného, nakrájeného na kostky
- ¼ šálku cukru
- 5-6 lžic studené vody
- 1 vejce, rozšlehané, na umytí vajec
- 15 velkých marshmallows
- 1 šálek grahamů v mini čokoládě, nakrájených na polovinu
- 1 šálek nasekané tyčinky mléčné čokolády dle výběru
- 1 ½ šálků drceného arašídového másla
- ½ šálku lupínků arašídového másla, rozpuštěných na pokapání (volitelně)
- ½ šálku marshmallow chmýří na pokapání (volitelně)

INSTRUKCE:
K VYTVOŘENÍ KŮRY:
a) Do mísy stojícího mixéru dejte mouku, grahamové drobky a cukr a přidejte lopatkový nástavec. Dejte to rychlý mix, aby se spojil. Pomalu přidávejte kostku po kostce máslo a míchejte na nízké úrovni, dokud nevznikne konzistence připomínající mokrý písek.

b) Případně můžete použít vykrajovátko a do směsi nakrájet máslo. Přidejte studenou vodu po jedné polévkové lžíci. Těsto je hotové, když je tuhé a nelepí se.

DEJTE VŠECHNO SPOLEČNĚ:
c) Těsto není potřeba chladit.

d) Těsto rozválejte na rovném povrchu, který jsme vysypali moukou. Vyválejte do kruhu , který je kolem 12 palců široký. Přidejte marshmallows, mléčnou čokoládu, čokoládové grahamy a poháry s arašídovým máslem.

e) Jemně pohybujte kolem kůrky a přehněte ji asi na palec nad náplní, přičemž střed galetky nechte otevřený .

f) Pokračujte ve skládání další části na předchozí část a tak dále, dokud se celá kůra nesloží dovnitř. Kůru potřeme vajíčkem.

UPÉCT:

g) Pečte při 350 °C 25-30 minut, nebo dokud střed nezměkne a okraje nebudou krásně dozlatova. Rozpusťte lupínky arašídového másla v nádobě vhodné do mikrovlnné trouby na vysokou teplotu po dobu 60-70 sekund nebo dokud se nerozpustí. Buďte opatrní, protože miska může být horká.
h) Šlehejte chipsy do hladka. Pokapeme teplou galetkou. Před podáváním nechte mírně vychladnout. Podávejte teplé, pokojové teploty nebo studené.
i) Skladujte zakryté při pokojové teplotě po dobu až čtyř dnů. Užívat si!

82. Hořká čokoláda a pomeranč Galette

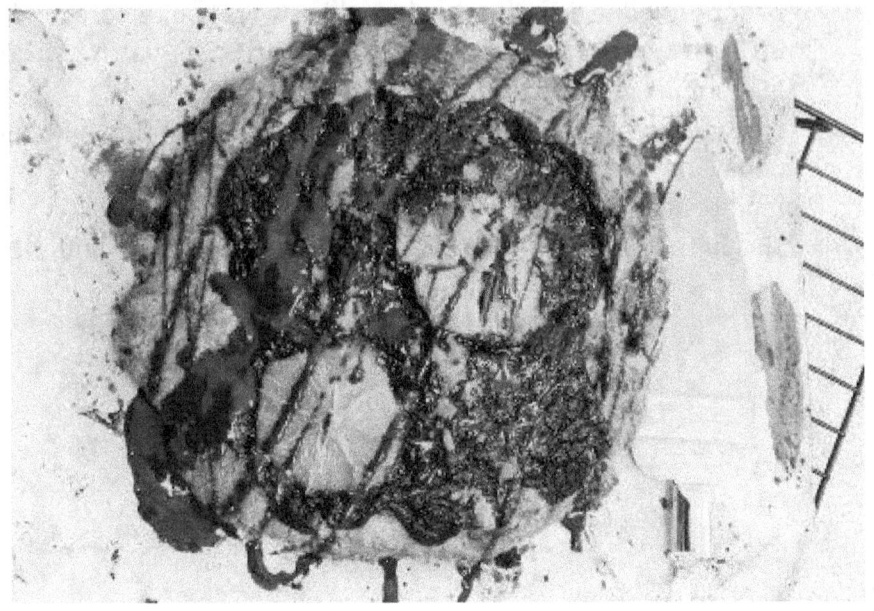

SLOŽENÍ:

- 1 předem připravená koláčová kůra
- 1 šálek kousků tmavé čokolády
- Kůra z 1 pomeranče
- 2 lžíce krystalového cukru
- 1 vejce, rozšlehané (na mytí vajec)
- moučkový cukr (na posypání)

INSTRUKCE:

a) Předehřejte troubu na 375 °F (190 °C).
b) Koláčovou krustu vyválejte na plech vyložený pečicím papírem.
c) koláčové kůrky rovnoměrně posypte kousky hořké čokolády.
d) Čokoládové kousky posypeme pomerančovou kůrou.
e) Čokoládu a pomerančovou kůru posypeme pískovým cukrem.
f) Okraje krusty přehneme přes náplň a vytvoříme rustikální okraj.
g) Okraje korpusu potřeme rozšlehaným vejcem.
h) Pečte 25–30 minut, nebo dokud není kůrka zlatavě hnědá.
i) Před poprášením moučkovým cukrem nechte galetku mírně vychladnout. Podávejte teplé.

83.Kokosová čokoláda Galette

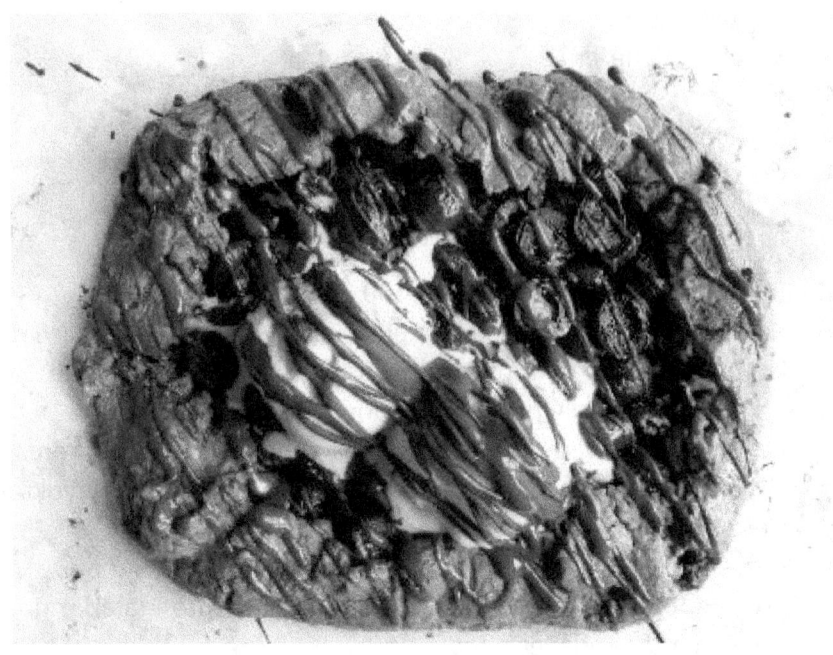

SLOŽENÍ:

- 1 předem připravená koláčová kůra
- 1 hrnek strouhaného kokosu
- 1 šálek polosladkých čokoládových lupínků
- 2 lžíce krystalového cukru
- 1 vejce, rozšlehané (na mytí vajec)
- moučkový cukr (na posypání)

INSTRUKCE:

a) Předehřejte troubu na 375 °F (190 °C).
b) Koláčovou krustu vyválejte na plech vyložený pečicím papírem.
c) Strouhaný kokos rovnoměrně posypte středem koláčové kůry.
d) Na kokos posypte polosladké čokoládové lupínky.
e) Čokoládu a kokos posypeme krystalovým cukrem.
f) Okraje krusty přehneme přes náplň a vytvoříme rustikální okraj.
g) Okraje korpusu potřeme rozšlehaným vejcem.
h) Pečte 25–30 minut, nebo dokud není kůrka zlatavě hnědá.
i) Před poprášením moučkovým cukrem nechte galetku mírně vychladnout. Podávejte teplé.

MASNÉ GALETTY

84.Klobása Galette

SLOŽENÍ:
- 2 kruhy připraveného těsta na koláč (z balení 14,1 unce)
- 8 uncí mleté šalvějové snídaňové klobásy
- 1 lžíce olivového oleje (pokud je potřeba)
- 1/2 střední cibule, nakrájené na tenké proužky
- 8 uncí nakrájených hub baby bella
- 2/3 šálku ricotty
- 4 stroužky česneku, nasekané
- Čerstvě nasekaná sůl a pepř podle chuti
- 4 unce sýra Gruyere, strouhaného
- 1/2 lžičky sušeného tymiánu
- 1 vejce rozšlehané
- 1 lžíce vody

INSTRUKCE:
a) Předehřejte troubu na 400 stupňů F. Vyložte dva plechy pečicím papírem. Na každý plech na pečicím papíru vyválejte jeden kruh koláčové kůry.

b) Vařte klobásu na pánvi na středním plameni, dokud nezhnědne a nebude drobivá, asi 8 minut. Klobásu vyjměte z pánve děrovanou lžící na talíř vyložený papírovou utěrkou a dejte stranou, přičemž olej z klobásy v pánvi vynechejte. Pokud je oleje málo, přidejte na pánev až 1 lžíci olivového oleje.

c) Na pánev přidejte cibuli, aby se opékala na přepuštěném oleji z klobásy. Vařte, dokud okraje cibule nezačnou hnědnout a karamelizovat, asi 3 minuty. Přidejte houby na pánev a vařte 4 minuty, nebo dokud nezačnou změknout. Vyjměte zeleninu z pánve a přidejte na talíř vyložený papírovou utěrkou s klobásou.

d) Rozprostřete 1/3 šálku ricotty na střed každé kůrky koláče, rovnoměrně rozprostřete, ale ponechte obvod 1 1/2 palce holý. Rozdělte nasekaný česnek na ricottu mezi dvě kůry a podle chuti přidejte trochu čerstvě rozdrcené soli a pepře.

e) Přidejte polovinu klobásovo-houbové směsi v rovnoměrné vrstvě na ricottu na každou kůru. Navrch dejte nastrouhaný Gruyere. Vše posypte tymiánem.

f) Okraje koláčových kůrek přehněte přes houbovou náplň kolem celého kruhu a každých pár centimetrů naskládejte, aby se zachoval kruhový tvar. Vejce a vodu rozšleháme v malé misce. Okraje krusty koláče potřeme vaječnou směsí.

g) Pečte v předehřáté troubě 18–22 minut, nebo dokud kůrka nezezlátne. Před přenesením na servírovací talíř 10 minut ochlaďte na plechu.

85. Galette s kuřecím masem a houbami

SLOŽENÍ:

- 1 předem připravená koláčová kůra
- 2 šálky vařeného kuřete, nakrájeného nebo nakrájeného na kostičky
- 1 šálek nakrájených hub
- 1 šálek strouhaného švýcarského sýra
- 1/4 šálku nasekané čerstvé petrželky
- Sůl a pepř na dochucení
- 1 vejce, rozšlehané (na mytí vajec)

INSTRUKCE:

a) Předehřejte troubu na 375 °F (190 °C).
b) Na pánvi orestujte nakrájené houby, dokud nezměknou a přebytečná tekutina se neodpaří.
c) Koláčovou krustu vyválejte na plech vyložený pečicím papírem.
d) Uvařené kuře rovnoměrně rozprostřete na střed koláčové kůry a ponechejte asi 1-2 palce kůry kolem okrajů.
e) Orestované žampiony posypte na kuře.
f) Houby posypeme nastrouhaným švýcarským sýrem a nasekanou čerstvou petrželkou.
g) Dochuťte solí a pepřem podle chuti.

86. Galette z hovězího masa a karamelizované cibule

SLOŽENÍ:

- 1 libra mletého hovězího masa
- 2 velké cibule, nakrájené na tenké plátky
- 1 lžíce olivového oleje
- Sůl a pepř na dochucení
- 1 šálek strouhaného sýra gruyere
- 1 lžíce čerstvých lístků tymiánu
- 1 předem připravená koláčová kůra

INSTRUKCE:

a) Předehřejte troubu na 375 °F (190 °C).
b) V pánvi rozehřejte olivový olej na středním plameni. Přidejte nakrájenou cibuli a vařte za občasného míchání, dokud nezkaramelizuje, asi 20–25 minut.
c) Přidejte mleté maso na pánev a vařte, dokud nezhnědne. Dochuťte solí a pepřem.
d) Koláčovou krustu vyválejte na plech vyložený pečicím papírem.
e) Směs hovězího a cibulového masa nandejte na střed koláčové kůrky a po okrajích nechte okraj.
f) Hovězí směs posypeme strouhaným sýrem gruyere.
g) Okraje koláčové kůry přehneme přes náplň a podle potřeby naskládáme.
h) Okraje kůry potřete rozšlehaným vejcem pro zlatavou povrchovou úpravu (volitelně).
i) Pečte v předehřáté troubě 25–30 minut, nebo dokud není kůrka zlatavě hnědá.
j) Galette před podáváním posypte lístky čerstvého tymiánu .

87. Galette se šunkou a sýrem

SLOŽENÍ:
GALETOVÉ TĚSTO
- 2 hrnky pohankové mouky
- 1/4 šálku univerzální mouky
- 1 lžíce soli
- 4 1/2 šálků vody
- 1 vejce

SHROMÁŽDĚNÍ
- Nesolené máslo
- šunka
- Vejce
- Gruyère, strouhaný

INSTRUKCE:
GALETOVÉ TĚSTO
a) Vše smíchejte dohromady, dokud se dobře nespojí. Těsto necháme 2 hodiny nebo přes noc uležet v lednici.

SHROMÁŽDĚNÍ
b) Zahřejte 11" litinovou krepovou pánev na středním stupni, dokud nebude velmi rovnoměrně horká. Pro charakteristické krátery musí být pánev dostatečně horká, aby se v těstě při nalévání okamžitě prorazily otvory.

c) Rozpusťte tolik másla, aby se pánev pokryla. Nalijte 1/2 šálku těsta a nakloňte pánev tak, aby pokryla celý její povrch.

d) Vařte přibližně 2 1/2 minuty na první straně, poté otočte a vařte další 1 1/2 minuty. Odstraňte galetku z ohně a nechte vychladnout, dokud nebude potřeba na náplně. Opakujte s celým těstem a podle potřeby přidejte do pánve máslo, aby se nepřilepilo.

e) Pro " kompletní " sestavení rozpusťte ještě trochu másla a vhoďte do vychladlé galety krátery dolů a doprostřed ihned položte plátek šunky a poté nastrouhaný gruyere, aby byl plátek pokryt. Mezitím na samostatné pánvi uvařte vejce na rozpuštěném másle; když je vejce téměř uvařené, opatrně je položte na gruyere se žloutkem uprostřed a přehněte přes čtyři okraje galette, aby bylo vidět pouze vejce.

f) Přikryjte pokličkou a zahřívejte asi minutu, dokud se vejce neuvaří a spodek galetky nebude křupavý. Ihned podávejte.

88. Krůtí a brusinkový galette

SLOŽENÍ:
- 1 předem připravená koláčová kůra
- 1 šálek vařené a nakrájené krůty
- 1/2 šálku brusinkové omáčky
- 1/2 šálku rozdrobeného kozího sýra
- 1/4 šálku nasekaných pekanových ořechů
- 1 lžíce nasekané čerstvé šalvěje
- Sůl a pepř na dochucení

INSTRUKCE:
a) Předehřejte troubu na 375 °F (190 °C).
b) Koláčovou krustu vyválejte na plech vyložený pečicím papírem.
c) Brusinkovou omáčku rozetřete na střed koláčové kůry a ponechte okraj kolem okrajů.
d) Brusinkovou omáčku posypte nakrájeným krůtím masem, rozdrobeným kozím sýrem, nasekanými pekanovými ořechy a nasekanou čerstvou šalvějí.
e) Dochuťte solí a pepřem.
f) Okraje koláčové kůry přehneme přes náplň a podle potřeby naskládáme.
g) Pečte v předehřáté troubě 25–30 minut, nebo dokud není kůrka zlatavě hnědá.
h) Před podáváním necháme mírně vychladnout.

89.Jehněčí a Feta Galette

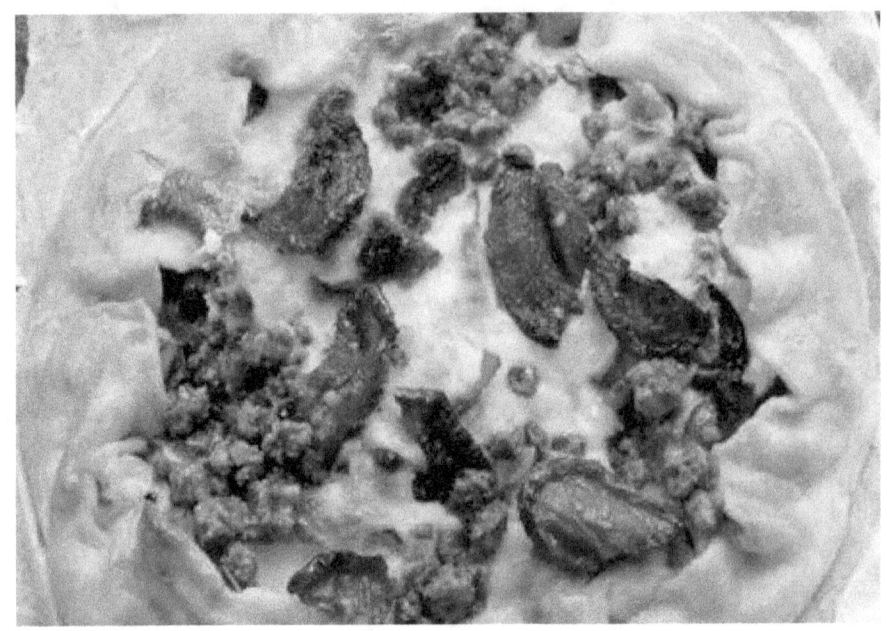

SLOŽENÍ:

- 1 předem připravená koláčová kůra
- 1 šálek uvařeného a nakrájeného jehněčího
- 1/2 šálku rozdrobeného sýra feta
- 1/4 šálku nasekané čerstvé máty
- 1/4 šálku nakrájených oliv Kalamata
- 1 lžíce olivového oleje
- Sůl a pepř na dochucení

INSTRUKCE:

a) Předehřejte troubu na 375 °F (190 °C).
b) Koláčovou krustu vyválejte na plech vyložený pečicím papírem.
c) V misce smíchejte nakrájené jehněčí maso, rozdrobený sýr feta, nasekanou čerstvou mátu, nasekané olivy Kalamata, olivový olej, sůl a pepř.
d) Lžící naneste jehněčí směs na střed koláčové kůry a nechte okraj kolem okrajů.
e) Okraje koláčové kůry přehneme přes náplň a podle potřeby naskládáme.
f) Pečte v předehřáté troubě 25–30 minut, nebo dokud není kůrka zlatavě hnědá.
g) Před krájením a podáváním nechte několik minut vychladnout.

90. Trhané vepřové a Coleslaw Galette

SLOŽENÍ:

- 1 předem připravená koláčová kůra
- 1 šálek taženého vepřového masa
- 1 šálek směsi salátu coleslaw
- 1/4 šálku barbecue omáčky
- 1/4 šálku strouhaného sýra čedar
- Sůl a pepř na dochucení

INSTRUKCE:

a) Předehřejte troubu na 375 °F (190 °C).
b) Koláčovou krustu vyválejte na plech vyložený pečicím papírem.
c) V misce smíchejte trhané vepřové maso a barbecue omáčku, dokud nebude dobře obalená.
d) Vytažené vepřové maso rovnoměrně rozprostřete po středu koláčové kůrky a ponechte okraj kolem okrajů.
e) Nakrájené vepřové maso posypte salátem coleslaw a strouhaným sýrem čedar.
f) Dochuťte solí a pepřem.
g) Okraje koláčové kůry přehneme přes náplň a podle potřeby naskládáme.
h) Pečte v předehřáté troubě 25–30 minut, nebo dokud není kůrka zlatavě hnědá.
i) Před podáváním necháme mírně vychladnout.

91. Slanina, vejce a sýr Galette

SLOŽENÍ:
- 1 předem připravená koláčová kůra
- 6 plátků slaniny, uvařených a rozdrobených
- 4 vejce
- 1/2 šálku strouhaného sýra čedar
- Sůl a pepř na dochucení

INSTRUKCE:
a) Předehřejte troubu na 375 °F (190 °C).
b) Koláčovou krustu vyválejte na plech vyložený pečicím papírem.
c) Uvařenou a rozdrobenou slaninu rovnoměrně posypte středem koláčové kůrky a ponechte okraj kolem okrajů.
d) Vejce rozklepněte na slaninu a rovnoměrně je rozmístěte.
e) Slaninu a vejce posypeme strouhaným sýrem čedar.
f) Dochuťte solí a pepřem.
g) Okraje koláčové kůry přehneme přes náplň a podle potřeby naskládáme.
h) Pečte v předehřáté troubě 20–25 minut, nebo dokud kůrka nezezlátne a vejce neztuhnou.
i) Před podáváním necháme mírně vychladnout.

92. Brambor, klobása a rozmarýn Galette

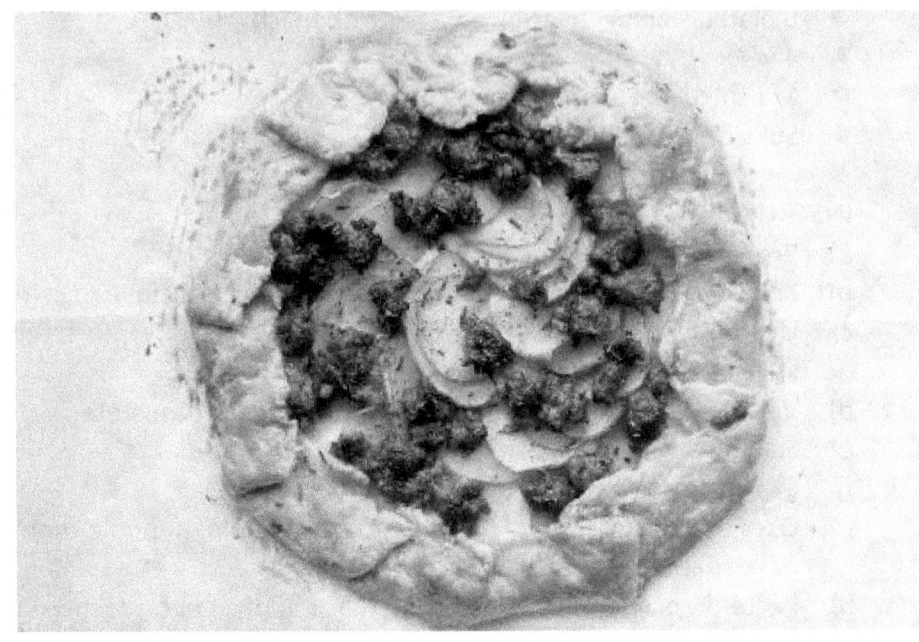

SLOŽENÍ:
PEČIVO:
- 1 1/2 šálku univerzální mouky
- 1/4 šálku strouhaného parmazánu
- 1/4 lžičky soli
- 1/2 šálku 1 tyčinky studeného nesoleného másla, nakrájeného na kostičky
- 5 až 6 polévkových lžic velmi studené vody

GALETTE:
- 1 lžíce olivového oleje
- 1 šálek strouhaného sýra Mozzarella
- 1/2 šálku strouhaného sýra Fontina
- 2 velké zlaté brambory Yukon nakrájené na velmi tenké plátky
- Odstraňte 2 střívka horkých nebo jemných italských klobás
- 1/2 lžičky soli
- 1/4 lžičky čerstvého mletého černého pepře
- 2 lžičky nasekaného čerstvého rozmarýnu
- 1 velké vejce rozšlehané s trochou vody

INSTRUKCE:
a) Chcete-li připravit těsto, ve velké míse smíchejte mouku, parmazán a sůl, dokud se dobře nespojí. Přidejte máslo a nakrájejte ho mixérem na pečivo nebo prsty, dokud nebude připomínat hrubou strouhanku velikosti hrášku. Zalijte 5 polévkovými lžícemi vody a jemně míchejte gumovou stěrkou, dokud není vše rovnoměrně navlhčeno; v případě potřeby přidejte poslední lžíci vody, aby vzniklo soudržné těsto. Z těsta vytvarujte kotouč, zabalte do plastové fólie a dejte do lednice alespoň na 1 hodinu.

b) Předehřejte troubu na 425 °F. Plech vyložte pečicím papírem a dejte stranou.

c) Pro sestavení galetky na lehce pomoučené pracovní ploše vyválejte těsto do 12" kruhu o tloušťce asi 1/4 palce. Těsto opatrně přeneste na plech vyložený pečicím papírem. Potřete jej olivovým olejem a poté posypte střed se strouhanými sýry, přičemž podél okraje zůstane 2 palce široký holý pruh.

d) Plátky brambor rozložte na sýr a překryjte je do kupy. Nalámejte klobásu a položte na brambory. Dochuťte solí, pepřem a rozmarýnem.
e) Okraje těsta přehněte směrem ke středu. Okraje korpusu potřeme rozmraženým vejcem a pečeme do zlatova a bublinky, asi 25 až 30 minut.
f) Vyjměte z trouby a před krájením a podáváním nechte asi 10 minut odpočinout . Užívat si!

93. Pečená rajčata Galette na dva způsoby

SLOŽENÍ:
TĚSTO:
- 70 g celozrnné mouky studené
- 70 g hladké mouky studené; Používám čistou špaldu
- 50 g studené ovesné mouky; Já dělám svůj v mixéru
- 1 polévková lžíce fenyklových semínek volitelně
- 1 polévková lžíce studené kukuřičné mouky; nebo jemná polenta
- 1/2 lžičky soli
- 100 g másla nakrájeného na kostky a studeného; organické přednostně
- 1 lžička jablečného octa nebo bílého vinného octa
- 3 lžíce ledově studené vody
- 1 malé rozšlehané vejce (na zesklovatění později v procesu)

RAJČATA
- 800 g nejlepších rajčat ne příliš malých
- 2 stroužky česneku nakrájené na plátky
- 1 snítka rozmarýnu
- 1 snítka tymiánu
- 3 lžíce extra panenského olivového oleje rozdělené do použití
- 1 dlouhá šalotka nakrájená na plátky; volitelný
- Konzervovaná citronová tapenáda
- 3 lžíce tapenády z černých oliv
- 1/2 konzervovaného citronu jemně mletého

SLADKÁ PASTA HARISSA
- 2 lžíce pasty harissa nejlépe růžové harissa
- 1 lžíce nejlepšího rajčatového kečupu
- 1/2 lžičky datlového sirupu nebo medu

RICOTTA DIP
- 125 g ricotty
- 3 lžíce tapenády z černých oliv
- 1 lžíce čerstvé citronové šťávy
- kůra z půlky citronu
- čerstvé lístky tymiánu a nasekané lístky rozmarýnu volitelně k podávání

INSTRUKCE:
VYTVÁŘENÍ TĚSTA

a) Semena fenyklu, pokud používáte, opečte na malé pánvi, dokud nezavoní. Krátce ochlaďte a poté rozdrťte tloučkem a hmoždířem nebo mlýnkem na koření na hrubý prášek. Bude to úžasně vonět!

b) Jak uvidíte výše, ingredience těsta by měly být studené. Stačí je dát na 15 minut do lednice a mělo by to stačit. Nyní vložte mouku, máslo, sůl a fenyklová semínka do mísy kuchyňského robotu a pulzujte, dokud se nerozloží na malé „oblázky". Nemělo by se přepracovat na hladkou pastu.

c) Smíchejte ledovou vodu a ocet v malém šálku a pomalu přidávejte trubicí kuchyňského robotu, zatímco je robot zapnutý. Nechte stroj zapnutý, dokud se těsto nezvedne na jednu stranu. V míse může být několik zatoulaných kousků, ale celkově by to mělo být soudržné těsto.

d) Vytáhněte těsto z procesoru a na kusu pečícího papíru nebo fólie vytvarujte do plochého plochého kotouče nebo hrubého obdélníku.

e) Vytáhněte a zastrčte okraje, aby se úplně uzavřely; dejte na 15 minut do mrazáku. Nebo do lednice na 30 minut.

PEČENÍ RAJČAT

f) Troubu zahřejte na 160C ventilátor/180C/350F. Ujistěte se, že máte dva stojany na dva tácy rajčat.

g) Nakrájejte rajčata na tloušťku asi 1/2 palce a položte na několik vrstev papírové utěrky nebo na dvojitou vrstvu utěrek. Přikryjte další utěrkou a lehce přitlačte. Tím se odstraní část tekutiny a urychlí se opékání. Tento kousek můžete vynechat a rajčata místo toho nechat hodinu opékat. Nevšiml jsem si rozdílu v chuti při odsávání rajčat některé jejich chutné tekutiny.

h) Pár pečicích plechů vyložte lehce zmačkanou fólií (papír na pečení nefunguje tak dobře, ale je šetrnější k životnímu prostředí) a potřete trochou oleje. Poklademe na rajčata a potřeme olejem.

i) Vložte do trouby a pečte 45 minut. Zatímco se rajčata opékají, vmícháme zbývající olej zvlášť do česneku a šalotky. Po 15 minutách přidejte naolejovaný česnek a snítky bylinek do jednoho z táců.

j) Zatímco se rajčata opékají a těsto odpočívá, připravte si slanou pomazánku. Smíchejte dohromady vámi vybrané ingredience a dejte stranou. Pokud si dáváte ricottový dip, připravte si ho hned tak, že vše smícháte a dáte do lednice.
k) Dávám to dohromady
l) Vyjměte těsto z lednice a rozbalte. Rovnoměrně vyválejte na čisté, moukou poprášené (já používám více kukuřičné mouky) pracovní plochu do požadovaného tvaru, ale o průměru asi 12 palců / 1/4 palce tlusté. Může prasknout, takže jej jednoduše zalepte jinými kousky, které budou vyčnívat.
m) Polovinu těsta volně naválejte na váleček (možná bude potřebovat pomoc zvedače dortů) a těsto zcela přeneste na plech vyložený pečicím papírem.
n) Potřete slanou pomazánku dle vlastního výběru po celém těstě, jen kousek k okrajům. Přidejte většinu pražených kousků česneku (nebojte se bylinek, ochucovaly česnek a nyní jsou volitelné), všechny kousky šalotky a položte na pečená rajčata, ponechte mezeru na okrajích.
o) Navrch dejte libovolné náhodné kousky pečeného česneku. Okraje nahého těsta přehněte nahoru přes vnější čtvrtinu rajčat (viz obrázky). Potřete rozšlehaným vejcem a vraťte na 15 minut do lednice. Mělo by to vypadat rustikálně, ne dokonale!
p) Zvyšte teplotu trouby na 200 C ventilátor/220 C/425 F.
q) Po vychladnutí pečte galetku v troubě 15 minut, poté stáhněte teplotu na 160 C ventilátor/180 C/ 350 F a pečte dalších 20 minut, v případě potřeby lehce přikryjte alobalem, aby příliš rychle nezhnědla.
r) 6 plátků a podáváním se saláty a dipem z ricotty vytáhněte z trouby a nechte mírně vychladnout nebo na pokojovou teplotu .
s) Ozdobte dalšími bylinkami.

VEGGIE GALETY

94. Ratatouille Galette

SLOŽENÍ:
- 1 předem připravená koláčová kůra
- 1 malý lilek, nakrájený na tenké plátky
- 1 cuketa, nakrájená na tenké plátky
- 1 žlutá dýně, nakrájená na tenké plátky
- 1 paprika, nakrájená na tenké plátky
- 1 cibule, nakrájená na tenké plátky
- 2 stroužky česneku, mleté
- 2 lžíce olivového oleje
- 1/2 šálku omáčky marinara
- 1/2 šálku strouhaného sýra mozzarella
- Sůl a pepř na dochucení
- Listy čerstvé bazalky na ozdobu

INSTRUKCE:
a) Předehřejte troubu na 375 °F (190 °C).
b) Ve velké pánvi rozehřejte olivový olej na středním plameni. Přidejte nasekaný česnek a nakrájenou zeleninu (lilek, cuketu, žlutou dýni, papriku a cibuli). Vařte do změknutí, asi 8-10 minut. Dochuťte solí a pepřem.
c) Koláčovou krustu vyválejte na plech vyložený pečicím papírem.
d) Omáčku marinara rovnoměrně rozetřete na střed koláčové kůry a ponechte okraj kolem okrajů.
e) Uvařenou zeleninu položte na marinarovou omáčku.
f) Zeleninu posypeme strouhaným sýrem mozzarella.
g) Okraje koláčové kůry přehneme přes náplň a podle potřeby naskládáme.
h) Pečte v předehřáté troubě 25–30 minut, nebo dokud není kůrka zlatavě hnědá a sýr rozpuštěný a bublinkový.
i) Před podáváním ozdobte lístky čerstvé bazalky.

95. Kari zeleninová galette

SLOŽENÍ:

- 1 předem připravená koláčová kůra
- 2 šálky míchané zeleniny (jako je květák, mrkev, hrášek a brambory), nakrájené na kostičky
- 1 cibule, nakrájená nadrobno
- 2 stroužky česneku, mleté
- 2 lžíce kari
- 1/2 šálku kokosového mléka
- 2 lžíce rostlinného oleje
- Sůl a pepř na dochucení

INSTRUKCE:

a) Předehřejte troubu na 375 °F (190 °C).
b) V pánvi rozehřejte rostlinný olej na středním plameni. Přidejte nakrájenou cibuli a prolisovaný česnek. Vařte do změknutí, asi 2-3 minuty.
c) Přidejte na pánev nakrájenou zeleninu a vařte, dokud nebude mírně měkká, asi 5-7 minut.
d) Vmícháme kari a kokosové mléko. Dochuťte solí a pepřem. Vařte další 2-3 minuty, dokud směs mírně nezhoustne.
e) Koláčovou krustu vyválejte na plech vyložený pečicím papírem.
f) Na střed koláčové kůry naneste lžící směs kari a kolem okrajů nechte okraj.
g) Okraje koláčové kůry přehneme přes náplň a podle potřeby naskládáme.
h) Pečte v předehřáté troubě 25–30 minut, nebo dokud není kůrka zlatavě hnědá.
i) Před podáváním necháme mírně vychladnout.

96. Caprese Galette

SLOŽENÍ:
- 1 předem připravená koláčová kůra
- 2 velká rajčata, nakrájená na tenké plátky
- 8 uncí čerstvého sýra mozzarella, nakrájeného na plátky
- 1/4 šálku čerstvých lístků bazalky
- 2 lžíce balzamikové glazury
- 2 lžíce olivového oleje
- Sůl a pepř na dochucení

INSTRUKCE:
a) Předehřejte troubu na 375 °F (190 °C).
b) Koláčovou krustu vyválejte na plech vyložený pečicím papírem.
c) Plátky rajčat a plátky čerstvé mozzarelly rozmístěte překrývajícím se vzorem přes střed koláčové kůrky a ponechte okraj kolem okrajů.
d) Natrhejte lístky čerstvé bazalky a rozetřete je na rajčata a mozzarellu.
e) Rajčata a mozzarellu pokapejte balzamikovou polevou a olivovým olejem. Dochuťte solí a pepřem.
f) Okraje koláčové kůry přehneme přes náplň a podle potřeby naskládáme.
g) Pečte v předehřáté troubě 20–25 minut, nebo dokud kůrka nezezlátne a sýr se nerozpustí.
h) Před podáváním necháme mírně vychladnout.

97. Houba a Gruyere Galette

SLOŽENÍ:
- 1 předem připravená koláčová kůra
- 2 šálky nakrájených žampionů (jako jsou cremini nebo žampiony)
- 1 lžíce másla
- 1 cibule, nakrájená na tenké plátky
- 2 stroužky česneku, mleté
- 1 šálek strouhaného sýra Gruyere
- 1 lžíce čerstvých lístků tymiánu
- Sůl a pepř na dochucení

INSTRUKCE:
a) Předehřejte troubu na 375 °F (190 °C).
b) V pánvi rozpustíme máslo na středním plameni. Přidejte nakrájené houby, nakrájenou cibuli a prolisovaný česnek. Vařte, dokud houby nezměknou a cibule zkaramelizuje, asi 10–12 minut. Dochuťte solí a pepřem.
c) Koláčovou krustu vyválejte na plech vyložený pečicím papírem.
d) Směs vařených hub a cibule rovnoměrně rozprostřete na střed koláčové kůry a ponechte okraj kolem okrajů.
e) Houbovou směs posypeme strouhaným sýrem Gruyere.
f) Sýr posypte lístky čerstvého tymiánu.
g) Okraje koláčové kůry přehneme přes náplň a podle potřeby naskládáme.
h) Pečte v předehřáté troubě 25–30 minut, nebo dokud není kůrka zlatavě hnědá a sýr rozpuštěný a bublinkový.
i) Před podáváním necháme mírně vychladnout.

98. Špenát a Feta Galette

SLOŽENÍ:

- 1 předem připravená koláčová kůra
- 4 šálky čerstvých listů špenátu
- 1 lžíce olivového oleje
- 2 stroužky česneku, mleté
- 1/2 šálku rozdrobeného sýra feta
- 1/4 šálku strouhaného parmazánu
- Sůl a pepř na dochucení

INSTRUKCE:
a) Předehřejte troubu na 375 °F (190 °C).
b) V pánvi rozehřejte olivový olej na středním plameni. Přidejte nasekaný česnek a vařte, dokud nebude voňavý, asi 1 minutu.
c) Na pánev přidejte listy čerstvého špenátu a vařte do zvadnutí, asi 2-3 minuty. Dochuťte solí a pepřem.
d) Koláčovou krustu vyválejte na plech vyložený pečicím papírem.
e) Uvařený špenát rovnoměrně rozprostřete na střed koláčové kůrky a po okrajích nechte okraj.
f) Špenát posypeme rozdrobeným sýrem feta a strouhaným parmazánem.
g) Okraje koláčové kůry přehneme přes náplň a podle potřeby naskládáme.
h) Pečte v předehřáté troubě 25–30 minut, nebo dokud není kůrka zlatavě hnědá a sýr rozpuštěný a bublinkový.
i) Před podáváním necháme mírně vychladnout.

99. Galette z pečené zeleniny

SLOŽENÍ:
- 1 předem připravená koláčová kůra
- 2 šálky míchané restované zeleniny (jako je paprika, cuketa, lilek a cherry rajčata)
- 2 lžíce olivového oleje
- 1 lžíce balzamikového octa
- 2 stroužky česneku, mleté
- Sůl a pepř na dochucení
- 1/4 šálku rozdrobeného kozího sýra
- 2 lžíce nasekané čerstvé bazalky

INSTRUKCE:
a) Předehřejte troubu na 375 °F (190 °C).
b) V misce promíchejte orestovanou zeleninu s olivovým olejem, balzamikovým octem, mletým česnekem, solí a pepřem.
c) Koláčovou krustu vyválejte na plech vyložený pečicím papírem.
d) Opečenou zeleninu rovnoměrně rozmístěte na střed koláčové kůry a ponechte okraj kolem okrajů.
e) Opečenou zeleninu posypeme rozdrobeným kozím sýrem.
f) Sýr posypeme nasekanou čerstvou bazalkou.
g) Okraje koláčové kůry přehneme přes náplň a podle potřeby naskládáme.
h) Pečte v předehřáté troubě 25–30 minut, nebo dokud není kůrka zlatavě hnědá.
i) Před podáváním necháme mírně vychladnout.

100. Galette z cukety a rajčat

SLOŽENÍ:
- 5 uncí univerzální mouky
- 1 cuketa
- 1 střední červená cibule
- ¾ oz parmezánu
- 1 citron
- 2 švestková rajčata
- 1 oz smetanový sýr
- 4 oz bazalkové pesto
- 3 unce rukoly
- cukr
- košer sůl a mletý pepř
- 6 lžic másla
- olivový olej
- 1 velké vejce

INSTRUKCE:
a) Ve střední misce smíchejte mouku, 1 lžičku cukru a ½ lžičky soli. Nakrájejte 6 lžic studeného másla na ½-palcové kousky; přidáme k mouce a promícháme, aby obalila. Prsty stiskněte máslo, aby se zploštilo a zapracovalo do mouky, dokud nebude mít velikost malého hrášku.

b) Směs mouky a másla posypeme ¼ šálku studené vody. Míchejte stěrkou, dokud se nespojí, a poté hněteme rukama, dokud těsto nevytvoří chundelatou kouli. Poklepejte na 4palcový široký disk (asi ¾ palce tlustý). Zabalte do plastu a chlaďte do ztuhnutí, alespoň 2 hodiny (nejlépe přes noc). Předehřejte brojler s roštem v horní třetině. Plech pokapejte olejem.

c) Nakrájejte cuketu a cibuli (cibulové kroužky nechte celé) na ¼ palce silná kolečka. Jemně nastrouhejte parmazán a ½ lžičky citronové kůry. Do střední misky vymačkejte 2 lžičky citronové šťávy. Rajčata nakrájejte na tenké plátky; přendáme na plech vyložený papírovou utěrkou a dochutíme solí a pepřem. Odložte alespoň na 15 minut. Před sestavením galette rajčata osušíme.

d) Umístěte cuketu a cibuli v jedné vrstvě na připravený plech; pokapeme olejem a dochutíme solí a pepřem.

e) Grilujte na horní mřížce, dokud nezhnědne a nezměkne, 10–13 minut (pozorně sledujte). V malé misce promíchejte smetanový sýr, citronovou kůru a 2 lžíce pesta. Dochutíme solí a pepřem. Předehřejte troubu na 400 °F s mřížkou uprostřed.
f) Vyválejte těsto do 12palcového kruhu; položte na plech vyložený pečicím papírem. V misce rozklepněte 1 velké vejce a 1 lžíci vody; mytí vajec odložte stranou. Pesto smetanový sýr rovnoměrně rozprostřete na kůrku a nechte 1-palcový okraj; nahoře se zeleninou v překrývajících se vrstvách. Okraj těsta přehneme přes náplň, podle potřeby namačkáme. Kůru potřeme rozšlehaným vejcem a posypeme trochou parmezánu.
g) Galette pečte na středovém roštu, dokud kůrka nezezlátne, 30–40 minut. Necháme 10 minut odpočinout. Do mísy s citronovou šťávou zašlehejte 2 lžíce oleje a špetku soli a pepře. Přidejte rukolu a promíchejte.
h) Galette pokapejte zbývajícím pestem ; nakrájíme na měsíčky a podáváme se salátem se zbylým parmazánem posypaným navrch.
i) Užívat si!

ZÁVĚR

Když zavíráme stránky "SKVĚLÁ KUCHAŘKA GALETTES", doufáme, že jste byli inspirováni k prozkoumání nekonečných možností tohoto oblíbeného rustikálního pečiva. Od sladkých po slané, jednoduché až po sofistikované, galettes nabízejí svět kulinářské kreativity, který čeká na objevení . Když budete pokračovat ve své kulinářské cestě, pamatujte, že vaření je výrazem lásky, kreativity a radosti. Ať už pečete pro sebe, své blízké nebo při zvláštní příležitosti, ať každá galette , kterou vytvoříte, přinese teplo do vaší kuchyně a štěstí na váš stůl.

Až si vychutnáte poslední drobky svého nejnovějšího výtvoru galette , vězte, že vzpomínky vytvořené v kuchyni zůstanou ještě dlouho po vyklizení talířů . Podělte se o svou lásku k pečení, shromážděte se u stolu s těmi, kterých si vážíte, a vytvořte okamžiky, které vyživují tělo i duši. A až budete připraveni vyrazit na další dobrodružství s pečením, vězte, že „SKVĚLÁ KUCHAŘKA GALETTES" tu bude, připravena vás provést svými lahodnými recepty a nadčasovým kouzlem.

Děkujeme, že jste se k nám připojili na této cestě světem galettes . Ať je vaše kuchyně plná smíchu, vaše trouba teplem a váš stůl požitky z domácích dobrot. Než se znovu setkáme, šťastné pečení a dobrou chuť!

www.ingramcontent.com/pod-product-compliance
Lightning Source LLC
Chambersburg PA
CBHW070654120526
44590CB00013BA/949